'22年版

就職試験
これだけ覚える

時事用語

成美堂出版

CURRENT TOPICS

安倍政権と今後の課題

主要関連用語

- □ 安倍内閣 （政治 P50）
- □ 2019年参議院選挙 （政治 P57）
- □ 公文書管理問題 （政治 P60）
- □ 日韓関係の悪化 （政治 P68）
- □ 桜を見る会問題 （政治 P73）
- □ 憲法改正論 （政治 P74）
- □ 景気後退の懸念強まる （経済 P79）
- □ 日米貿易協定 （経済 P96）

●2019年参議院選挙での勝利

2019年7月の参議院選挙では、与党の自民党・公明党が過半数を大きく上回る議席を獲得し勝利した。

しかし、自民党は議席を減らし、非改選議席を含めた単独過半数を割り込んだ。さらに、自民、公明、維新などの「改憲勢力」が国会での改憲発議に必要な3分の2を維持できず、憲法改正を目指す安倍政権にとっては大きな痛手となった。

同年9月には内閣改造が行われ、**第4次安倍再改造内閣**が誕生した。新内閣ではほとんどの閣僚が交代し、小泉進次郎環境相など13人が初入閣している。10月には参院選の公約通り、消費税が10％に増税された。

●長期政権とその緩み

2019年11月、安倍首相の首相在任期間が、明治から大正期の桂太郎元首相を超えて、憲政史上最長となった。長期政権の背景として、官邸主導による「安倍一強」体制を作り上げたことや、強い野党の不在などが指摘されている。

一方で、これまでも森友学園問題や加計学園問題などの疑惑や不祥事、強引な国会運営などについて、識者のみならず、政府内からも長期政権による緩みを指摘する声が上がっている。

19年の内閣改造後も、公職選挙法違反の疑いで菅原一秀前経済相と河井克行前法務相が辞任した。**大学入試共通テスト**では、萩生田光一文科相の「身の丈」発言が批判を浴び、英語民間試験が導入寸

前に見送られた。カジノを含む**統合型リゾート（IR）**をめぐっては、自民党の秋元司議員が収賄疑惑で逮捕。安倍首相自身も**桜を見る会問題**で、追及を受けている。

●山積する今後の課題

安倍首相の任期は2021年9月までだが、喫緊の課題として**新型コロナウイルス**への対策が挙げられる。消費増税後の経済の落ち込みにコロナショックが加わり、20年3月には政府の月例経済報告から景気について「回復」の文字が消えた。**東京五輪・パラリンピック**も延期が決定し、経済の先行きへの不安がさらに高まる。4月には、政府は財政支出39.5兆円、事業規模**108.2兆**円の緊急経済対策を決定。一方で、日本の財政再建の道はより険しくなっている。

外交では、20年1月に**日米貿易協定**が発効したが、今後さらに幅広い分野での交渉が予想されている。

また、元徴用工訴訟問題をきっかけに、韓国との関係が「戦後最悪」といわれるまでに悪化。19年8月には、韓国が**軍事情報包括保護協定（GSOMIA）**の破棄を日本に通知するに至った（のちに撤回）。冷え込んだ日韓関係の立て直しも課題として残されている。

延期が決まった東京五輪・パラリンピックの主会場、新国立競技場　　写真提供：AFP＝時事

CURRENT TOPICS

新型コロナウイルスの感染拡大

主要関連用語

☐ G20サミット（主要20カ
国・地域首脳会合）
（国際　P23）

☐ 新型コロナウイルス
（国際　P31）

☐ 景気後退の懸念強まる
（経済　P79）

☐ 円相場
（経済　P87）

☐ 日経平均株価
（経済　P91）

☐ ダウ工業株30種平均
（経済　P92）

☐ 東京オリンピックの延期
（文化・スポーツ　P188）

●中国での発生と世界への感染拡大

2019年12月、中国湖北省の武漢市で多数の肺炎患者が発生した。20年1月に、肺炎の原因が新型のコロナウイルスであることが判明。中国政府は武漢市を封鎖し、国内外への団体旅行を禁止するなどの措置を実施したが、感染者は中国全土に拡大した。さらには日本を含めた中国以外の国々でも感染者が確認され、世界保健機構（WHO）は同月に緊急事態を宣言した。

2月に入り、WHOは新型コロナウイルスの感染による疾病名を「COVID-19」と命名。新型コロナウイルスは潜伏期間が1～14日と長く、症状は発熱や呼吸器症状が1週間前後続くケースが多い。軽症者が多いとはいえ、無症状から重症まで症状の幅が広く、持病を抱えた人や高齢者は重症化しやすいとされている。致死率は2%程度と見られている。

3月には欧米での感染が拡大し、WHOはパンデミック（世界的流行）を宣言。4月初旬現在で、世界での感染者数は約140万人、死者数は約8万人に達している。

●日本をはじめ各国の対応

日本は2020年1月末に新型コロナウイルスによる肺炎を「指定感染症」とし、患者の強制入院や公費治療を可能とした。2月には安倍首相が大規模イベントの自粛を要請。また、文部科学省は全国自治体に対し、すべての小・中学校、高校、特別支援学校の臨時休校を要請した。

3月には、新型コロナウイルス感染症を**新型インフルエンザ等対策特別措置法**の対象とする改正法が成立。これにより、首相が**緊急事態宣言**を出すことを可能とした。さらに政府は、特定の国からの入国制限措置、(外国人に対しては出入国管理法に基づく)入国拒否などの対策を講じている。

　4月には、安倍首相は東京都や大阪府などを対象に**緊急事態宣言**を発令。対象区域の知事が外出自粛の要請、学校や大規模施設の使用停止の要請・指示をできるようにした。

　欧州各国やアメリカ各州でも、外出禁止令が出されたり、市民に自宅待機を求める動きが相次ぐ。また、インドが全土で封鎖を実施するなど、中東やアジア、中南米でも同様の措置が広がっている。

●世界経済への深刻な打撃

　新型コロナウイルスの影響は世界経済にも影を落とす。株価は急落。経済活動が収縮し、景況感は急速に悪化している。**G20**は3月下旬緊急テレビ電話会議を開き、「5兆ドル超を世界経済に投入する」という首脳声明を発表。各国の政府や中央銀行も経済・金融対策を打ち出しているが、先行きが不透明な状況が続いている。

欧州では街の消毒まで余儀なくされている　　写真提供：ABACA PRESS/時事通信フォト

本書の使い方

285の重要キーワード

現代社会のしくみを理解するための基本用語と、時代の動向を読み解く最新キーワードをポイント解説

各章ごとに「勉強のポイント」を提示。勉強の進め方はここでわかる

力だめしをかねて、もっとも大切な時事用語の理解度をチェック

これだけは知っておきたい重要キーワードをQ&Aでスピードチェック

豊富な図版が理解を助ける

TOPICS

国際機関
赤シートで答えを隠してトライ！

Q1 国連の主要機関
（安全保障理事会）は国連の主要機関のひとつで、国際社会の平和と安全の維持に関する主要な役割を担い、紛争の平和的解決や侵略行為の防止・鎮圧などを任務とする。

Q2 国連人権理事会
国連総会の下部機関である人権理事会は、世界の人権侵害に対応するほか、国連加盟国の人権状況を監視・調査し、必要があれば勧告も行う。2018年6月に（アメリカ）が、イスラエルに対する偏見があるとして、人権理事会からの脱退を表明した。

Q3 原子力の平和利用を掲げる「核の番人」
171カ国が加盟する国際機関（IAEA（国際原子力機関））は原子力の平和利用における安全基準を策定する一方、「核の番人」として軍事転用の可能性を検証する保障措置（査察）を実施する。

主な国際機関

名称	参加国	役割
国際連合	193カ国	世界平和の維持や経済協力、人権保障の推進など
EU（欧州連合）	欧州27カ国	経済・通貨、外交・安全保障、社会分野での統合
ASEAN（東南アジア諸国連合）	東南アジア10カ国	政治・経済・社会分野での地域協力
AU（アフリカ連合）	アフリカ55カ国	政治・経済、社会分野での統合
WTO（世界貿易機関）	164の国・地域	貿易・投資の自由化推進、ルールづくりなど

国際連合成立と日本の加盟

国際連合の機構図

BASIC 基本 1　国際連合

The United Nations

重要 KEY POINT
- □1945年に発足した国際機構
- □主要機関に総会や安全保障理事会など
- □現在の事務総長はアントニオ・グテーレス

　1945年に発足した国際機構。ニューヨークに本部を置き、世界平和の維持や経済発展のための協力、人権保護の推進などを目的とする。主要な機関として、**国連総会**や**安全保障理事会**、**経済社会理事会（ECOSOC）**、**信託統治理事会**（現在は活動停止）、**国際司法裁判所（ICJ）**、**事務局**があるが、ほかにも多くの委員会など専門機関を設けている。2020年3月現在で、加盟国は**193**。日本は1956年に加盟。近年にも**国際刑事裁判所**や**人権理事会**、**平和構築委員会**を設置するなど、国連改革を行っている。現在の事務総長はポルトガル出身のアントニオ・グテーレスで9代目。

BASIC 基本 2　国連安全保障理事会（安保理）

United Nations Security Council

重要 KEY POINT
- □国際社会の平和と安定に関する国連の主要機関
- □常任理事国は拒否権をもつ
- □日本は常任理事国入りを目指している

　国連の主要機関。国際社会の平和と安全の維持に関する主要な役割を担い、紛争の平和的解決や侵略行為の防止・鎮圧などを任務とする。**拒否権**をもつ**アメリカ、ロシア、イギリス、フランス、中国**の5常任理事国と**10**の非常任理事国からなる。**安保理**決議の決定は、常任理事国5カ国を含む9カ国以上の賛成が必要で、国連総会決議にはない法的拘束力がある。非常任理事国の任期は2年。日本も2016～17年に11回目となる非常任理事国を務めた。また、**日本、ドイツ、ブラジル、インド**は常任・非常任理事国の枠拡大と、4カ国の常任理事国入りを主張している。

18

キーポイントを読んで時事用語がすぐに頭に浮かぶようなら大丈夫！

太字部分も赤シートで隠して力だめしをしながら理解しよう！

携帯に便利

ポケットにも入るコンパクトさ。電車の中でも読みやすい。試験会場にまでもっていって試験直前までチェックしよう。

効率的な勉強ができる赤シート付き

＊本書の記載は、原則として2020年4月7日までに確認できたデータに基づいています。人名については敬称を略させていただきましたことをおことわりいたします。

7

目次

＊知りたい時事用語をカテゴリーから探そう。

CURRENT TOPICS ……………………………………………2
本書の使い方 …………………………………………………6
索引 ……………………………………………………………10

1 国際 KEYWORDS 47　　15
国際機関 ……………………………………………………16
国際会議・国際条約 ………………………………………22
アジア情勢 …………………………………………………26
中東問題 ……………………………………………………32
アメリカ・ヨーロッパ情勢 ………………………………38
その他 ………………………………………………………43

2 政治 KEYWORDS 48　　45
国会・内閣 …………………………………………………46
政党・選挙 …………………………………………………52
行政改革 ……………………………………………………58
地方自治 ……………………………………………………61
外交 …………………………………………………………64
防衛 …………………………………………………………69
その他 ………………………………………………………73

3 経済 KEYWORDS 39　　75
日本経済・財政 ……………………………………………76
金融 …………………………………………………………82
株式・為替 …………………………………………………90
世界経済・貿易 ……………………………………………94
その他 ………………………………………………………100

CONTENTS

4 産業 KEYWORDS 34　101
現代産業 ……………………………………… 102
労働・雇用 …………………………………… 108
会社・経営 …………………………………… 112
その他 ………………………………………… 117

5 科学・技術 KEYWORDS 28　119
宇宙・航空 …………………………………… 120
コンピュータ・通信技術 …………………… 127
原子力 ………………………………………… 132
バイオテクノロジー ………………………… 136
その他 ………………………………………… 138

6 地球・環境 KEYWORDS 20　139
温暖化 ………………………………………… 140
環境 …………………………………………… 145
ゴミ・リサイクル・省エネ ………………… 148
生態系 ………………………………………… 151

7 社会・生活 KEYWORDS 48　153
社会問題 ……………………………………… 154
医療・高齢化 ………………………………… 166
教育 …………………………………………… 173
その他 ………………………………………… 178

8 文化・スポーツ KEYWORDS 21　179
文化・芸能 …………………………………… 180
スポーツ ……………………………………… 186

INDEX
索引

ア行

アーバンスポーツ	190
アイヌ新法	73
赤字国債	78
アカデミー賞	182
芥川賞・直木賞	183
アジア欧州会合(ASEM)	28
安倍内閣	50
アルテミス計画	123
暗号資産	93
安全保障関連法	71
イエメン	37
医学部不正入試問題	175
イギリスEU離脱	40
医師不足	167
イスラム国(IS)	34
1票の格差	54
イプシロンロケット	125
イラン	36
イラン核合意	37
ウクライナ疑惑	39
営業損益	113
エネルギー基本計画	149
エルニーニョ現象	147
円相場	87
欧州議会選挙	42
欧州中央銀行(ECB)	98

大阪都構想	62
大阪・関西万博	103
オンライン診療	170

カ行

カーボン・プライシング	144
外国為替証拠金取引(FX)	92
外国人技能実習生	106
介護保険	169
解散	50
海自中東派遣	68
改正健康増進法	170
改正水道法	104
改正入管法	110
改正文化財保護法	185
核兵器禁止条約	25
カシミール問題	31
関税	98
完全失業率	110
気候変動に関する政府間パネル	144
気候変動枠組み条約締約国会議(UNFCCC-COP)	143
北朝鮮	28
北朝鮮拉致問題	66
キャッシュレス化	85
教育委員会	176
教育再生実行会議	174
京都議定書	142

共謀罪	74
勤務間インターバル制度	109
グラミー賞	183
クルド	37
軍事情報包括保護協定(GSOMIA)	72
警戒レベル	157
景気後退の懸念強まる	79
軽減税率	80
ゲノム編集	137
原子力規制委員会	60
原発再稼働	59
憲法改正論	74
小池百合子東京都知事	62
合計特殊出生率	168
高速炉	135
公文書管理問題	60
公立病院再編	171
高齢者医療制度改革	167
高齢ドライバー	158
国際宇宙ステーション(ISS)	123
国際捕鯨委員会(IWC)	152
国際連合	18
国勢調査	165
国民投票法	57
国連安全保障理事会(安保理)	18
国連人権理事会(UNHRC)	19
5G	130
5大疾病	172
国家安全保障会議	72
国会	48
子ども食堂	172
混合診療	171

サ行

再生可能エネルギー	149
最低賃金	118
裁判員裁判	159
サウジアラビア	36
桜を見る会問題	73
サブスクリプション	118
参議院選挙制度改革	56
残業時間の上限規制	111
習近平国家主席	30
シェアリングエコノミー	117
ジオパーク	147
自動運転車	138
児童虐待	161
渋野日向子	191
就活ルール廃止	160
衆議院選挙制度改革	54
従軍慰安婦問題	67
十三代目市川團十郎襲名	185
就職氷河期世代	118
集団的自衛権	71
18歳成人	162
自由貿易協定(FTA)	97
重力波	126
出生数、初の90万人割れ	172
障害者雇用促進法	160
少額投資の非課税制度(NISA)	93
小学校の英語教科化	177
小学校の教科担任制	178
小選挙区比例代表並立制	55
常任委員会	48
消費者物価指数	78

サ～ナ行

消費税増税	80
シリア	34
私立高校無償化	159
新学習指導要領	175
新型コロナウイルス	31
新型出生前診断(NIPT)	168
人工知能(AI)	128
信用スコア	88
スーダン	44
スーパーコンピュータ	130
ストックオプション	114
３メガ損保	86
３メガバンク	86
生活保護制度	165
政治分野における男女共同参画	59
整備新幹線	107
生物多様性条約締約国会議(CBD-COP)	152
世界遺産	184
世界三大映画祭	182
尖閣諸島問題	65
選挙権年齢	57
選択的夫婦別姓	162
組閣	49

タ行

ダークウェブ	165
タイ	31
大学入試改革	176
待機児童	161
代替フロン	150
ダウ工業株30種平均	92
竹島問題	65

弾道ミサイル防衛システム	70
地域政党	63
地球温暖化	142
地銀再編	85
チバニアン	138
地方交付税	81
中距離核戦略(INF)全廃条約	41
長期金利	87
著作権保護期間が延長	185
築地市場跡地の再開発計画	63
敵対的買収	114
デフレ	79
テレワーク	164
統一地方選挙	63
同一労働同一賃金	111
東京オリンピックの延期	188
東証株価指数	91
特別警報	146
トランプ大統領	39
トルコ	35

ナ行

内閣府	51
内閣不信任決議／問責決議	51
内部留保	81
難民条約	25
2019年参議院選挙	57
2025年問題	158
24時間営業見直し	104
日欧EPA	99
日銀(日本銀行)	84
日米地位協定	72

日米貿易協定	96
日韓関係悪化	68
日経平均株価	91
認知症	169
年金積立金管理運用独立行政法人(GPIF)	89

ハ行

排出量取引	144
働き方改革	110
8050問題	157
八村塁	191
はやぶさ2	122
『パラサイト 半地下の家族』	183
パリ協定	143
パレスチナ問題	35
東日本大震災	156
非拘束名簿式	55
ビッグデータ	129
貧困問題	164
ファーウェイ（華為技術）	105
プーチン大統領	41
フェイクニュース	163
福島第一原発事故	156
復興庁	60
普天間飛行場の移設問題	70
プライマリーバランス	81
ブラック部活	177
プルサーマル	134
ふるさと納税	100
プログラミング教育必修化	178
ブロックチェーン	107
米中貿易紛争	96

米朝首脳会談	29
米連邦準備制度理事会（FRB）	99
ベネズエラ	43
防衛装備移転三原則	67
放射線	135
北米自由貿易協定（USMCA）	99
補正予算	49
北方領土問題	66
ポピュリズム	42
ボルソナーロ大統領	44
香港大規模デモ	29
ホンダジェット	126
本屋大賞	184

マ行

マイクロプラスチック（MP）	150
マイナス金利	84
マイナンバー制度	164
マルウェア	129
みお	122
民間ロケット	125
メルケル首相	42
持ち株会社	113
元徴用工訴訟問題	68
もんじゅ	134

ヤラ行

ヤフーとLINE統合	115
有効求人倍率	111
ユニコーン	105
幼児教育・保育無償化	174

ナ〜ヤ行

4K/8Kテレビ放送 …………131	H2Aロケット………………124
ラグビーワールドカップ2019…189	IAEA(国際原子力機関) ………21
楽天モバイル ………………107	IMF(国際通貨基金) …………21
ラムサール条約 ……………146	IoT…………………………128
リチウムイオン電池 ………138	iPS再生医療 ………………171
立憲民主党 ……………………56	iPS細胞(人工多能性幹細胞) …137
リニア中央新幹線 …………106	IR(統合型リゾート) …………103
リビア内戦 ……………………44	JASRAC ……………………184
量子コンピュータ …………131	JAXA(宇宙航空研究開発機構)…124
量的緩和………………………88	JPX日経インデックス400…89
れいわ新選組 …………………56	LGBT ………………………163
レッドリスト/レッドデータブック…152	MaaS(モビリティ・アズ・ア・サービス)…117
労働基準法 …………………109	M&A ………………………116
ロシアのドーピング問題 ……188	NATO(北大西洋条約機構) …20
六ヶ所再処理工場 …………135	NHKネット同時配信 ………163
ロヒンギャ ……………………30	NPT(核兵器不拡散条約) ……24
	PKO(国連平和維持活動) ……43
	PM2.5 ……………………147

A ~ W

ABC予想 ……………………178	QRコード決済 ………………117
APEC(アジア太平洋経済協力) …24	RoHS指令とREACH規則…150
ASEAN(アセアン/東南アジア諸国連合) …20	TOB ………………………115
Bリーグ ……………………190	TPP11………………………97
CEO …………………………116	VAR(ビデオ・アシスタント・レフェリー)…191
CTBT(包括的核実験禁止条約)…25	WTO(世界貿易機関) …………19
ESG投資……………………116	
eSports(eスポーツ) ………190	
EU(欧州連合) ………………40	
FIFAワールドカップ………189	
GAFA ………………………100	
GDP(国内総生産) …………100	
G8/G7サミット(主要国首脳会合) …23	
G20サミット(主要20カ国・地域首脳会合) …23	

国際

■勉強のポイント
①主な国際機関、国際会議の名称と役割を覚える
②世界経済の動向と問題点をおさえる
③各国の政治問題とその国際的影響を理解する
④世界の紛争地域とその現状を知ろう

重要項目

Check1 基本
中国やインドなど新興国の台頭にともない、従来のG8に代わって存在感を高める首脳会合は？（→P23の10）

Check2 最新
香港の大規模デモのきっかけは？（→P29の19）

Check3 最新
イラン核合意の現状は？（→P37の31）

Check4 最新
トランプ大統領はどんな政策をとっている？（→P39の34）

Check5 最新
ブラジルのトランプと呼ばれる大統領は？（→P44の46）

TOPICS

国際機関

赤シートで答えを隠してトライ！

☐Q1　国連の主要機関
（**安全保障理事会**）は国連の主要機関のひとつで、国際社会の平和と安全の維持に関する主要な役割を担い、紛争の平和的解決や侵略行為の防止・鎮圧などを任務とする。

☐Q2　国連人権理事会
国連総会の下部機関である人権理事会は、世界の人権侵害に対応するほか、国連加盟国の人権状況を監視・調査し、必要があれば勧告も行う。2018年6月に（**アメリカ**）が、イスラエルに対する偏見があるとして、人権理事会からの脱退を表明した。

☐Q3　原子力の平和利用を掲げる「核の番人」
171カ国が加盟する国際機関（**IAEA（国際原子力機関）**）は原子力の平和利用における安全基準を策定する一方、「核の番人」として軍事転用の可能性を検証する保障措置（査察）を実施する。

主な国際機関

名　称	参加国	役　割
国際連合	193カ国	世界平和の維持や経済協力、人権保護の推進など
EU（欧州連合）	欧州 27カ国	経済・通貨、外交・安全保障、社会分野での統合
ASEAN **（東南アジア諸国連合）**	東南アジア 10カ国	政治・経済・社会分野での地域協力
AU（アフリカ連合）	アフリカ 55カ国	政治・経済、社会分野での統合
WTO（世界貿易機関）	164の 国・地域	貿易・投資の自由化推進、ルールづくりなど

国際連合成立と日本の加盟

1941年8月	大西洋憲章（米英共同宣言）で構想が発表される
1942年1月	連合国側26カ国による連合国共同宣言
1944年8月	ダンバートン・オークス会議で国連憲章の原案作成
1945年6月	国連憲章調印（サンフランシスコ会議参加50カ国）
1945年10月	国際連合成立（国連憲章発効）
1946年1月	国連総会開催（安保理成立）
1956年12月	日本加盟（80番目）

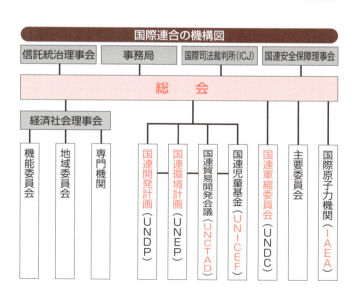

国際連合の機構図

- 信託統治理事会
- 事務局
- 国際司法裁判所（ICJ）
- 国連安全保障理事会
- 総会
  - 経済社会理事会
    - 機能委員会
    - 地域委員会
    - 専門機関
  - 国連開発計画（UNDP）
  - 国連環境計画（UNEP）
  - 国連貿易開発会議（UNCTAD）
  - 国連児童基金（UNICEF）
  - 国連軍縮委員会（UNDC）
  - 主要委員会
  - 国際原子力機関（IAEA）

DATA 国連総会は毎年1回、原則9～12月に開催される通常総会、臨時に開催される特別総会などがある。

BASIC 基本 1 　国際連合
The United Nations

- □ 1945年に発足した国際機構
- □ 主要機関に総会や安全保障理事会など
- □ 現在の事務総長はアントニオ・グテーレス

1945年に発足した国際機構。ニューヨークに本部を置き、世界平和の維持や経済発展のための協力、人権保護の推進などを目的とする。主要な機関として、**国連総会**や**安全保障理事会**、**経済社会理事会（ECOSOC）**、**信託統治理事会**（現在は活動停止）、**国際司法裁判所（ICJ）**、**事務局**があるが、ほかにも多くの委員会など専門機関を設けている。2020年3月現在で、加盟国は**193**。日本は1956年に加盟した。近年にも**国際刑事裁判所**や**人権理事会**、**平和構築委員会**を設置するなど、国連改革を行っている。現在の事務総長はポルトガル出身のアントニオ・グテーレスで9代目。

BASIC 基本 2 　国連安全保障理事会（安保理）
United Nations Security Council

- □ 国際社会の平和と安定に関する国連の主要機関
- □ 常任理事国は拒否権をもつ
- □ 日本は常任理事国入りを目指している

国連の主要機関。国際社会の平和と安全の維持に関する主要な役割を担い、紛争の平和的解決や侵略行為の防止・鎮圧などを任務とする。**拒否権**をもつ**アメリカ**、**ロシア**、**イギリス**、**フランス**、**中国**の5常任理事国と**10**の非常任理事国からなる。**安保理**決議の決定は、常任理事国5カ国を含む9カ国以上の賛成が必要で、国連総会決議にはない法的拘束力がある。非常任理事国の任期は2年。日本も2016〜17年に11回目となる非常任理事国を務めた。また、**日本**、**ドイツ**、**ブラジル**、**インド**は常任・非常任理事国の枠拡大と、4カ国の常任理事国入りを主張している。

BASIC 基本 3 — 国連人権理事会(UNHRC)
United Nations Human Rights Council

KEY POINT
- □国連総会の下部機関
- □国連加盟国の人権状況を監視・調査する
- □2018年にアメリカが脱退を表明

　国連総会の下部機関で、2006年にもともとあった人権委員会を改組する形で発足した。国連加盟国から選挙で選ばれた47の理事国で構成され、日本も20年から22年までの任期を務める。世界の人権侵害に対応するほか、国連加盟国の人権状況を監視・調査し、必要があれば勧告も行う。また、特定のテーマや国・地域別に調査する「**特別報告者**」の任命も行っている。近年ではシリア内戦やミャンマーのロヒンギャ問題、イエメン内戦などでの人権侵害を報告。18年6月にトランプ米大統領は、イスラエルへの非難決議が多すぎるとして、**人権理事会**からの脱退を表明している。

BASIC 基本 4 — WTO(世界貿易機関)
World Trade Organization

KEY POINT
- □世界貿易の自由化を進める機関
- □GATT(ガット)に代わる組織として発足
- □交渉中だったドーハ・ラウンドが停滞

　貿易・投資の自由化推進、ルールづくり、紛争処理など、貿易と投資を統括する国際機関。GATT(ガット：関税および貿易に関する一般協定)に代わる組織として1995年に発足した。現在164の国と地域が参加。紛争処理手続きの機能を強化し、要請があれば「**パネル(紛争処理小委員会)**」を設け、**パネル**または上級委員会で審議を行う。2001年から「ドーハ・ラウンド(多角的貿易交渉)」と呼ばれる貿易自由化交渉を続けてきたが停滞。そのため貿易自由化をめぐっては、自由貿易協定(FTA)などの2国間・地域間の経済連携を目指す動きが主流になっている。

DATA 貿易紛争処理を担うWTOの上級委員会は、2019年12月にアメリカの妨害によって機能が停止。WTOは新しい枠組みの構築を目指している。

BASIC 基本 5 NATO(北大西洋条約機構)
North Atlantic Treaty Organization

□アメリカ、欧州中心の集団軍事機構
□アフガニスタンでは軍の訓練などを行う
□正式加盟を待つ北マケドニアを含め30カ国が参加

　アメリカ、欧州を中心に、1949年の**北大西洋条約**で設立された集団軍事機構。91年のワルシャワ条約機構解体以降は東欧諸国の加盟が相次いだ。当初は冷戦下の集団防衛を目的としたが、冷戦後は地域紛争の防止や危機管理に路線を転換している。2011年にはリビアに対し空爆を実施。14年末にはアフガニスタンでの国際治安支援部隊（ISAF）の任務を終了し、15年からはアフガニスタン軍の訓練や支援を行っている。19年2月に加盟が承認された北マケドニアが正式に加盟すれば30カ国体制となる。欧州連合（EU）から離脱したイギリスも、**NATO**との関与維持を表明している。

BASIC 基本 6 ASEAN(アセアン/東南アジア諸国連合)
Association of South-East Asian Nations

□東南アジアの地域協力機構
□2015年に「ASEAN経済共同体（AEC）」が発足
□経済、政治、社会の3分野で統合を目指す

　東南アジアの地域協力組織。1967年にインドネシア、マレーシア、フィリピン、シンガポール、タイの5カ国で結成。84年以後、ブルネイ、ベトナム、ミャンマー、ラオス、カンボジアが加盟し、**ASEAN10**となった。97年には日中韓を加えた**ASEAN＋3**の枠組みが誕生。**ASEAN＋3**を中心に2005年から東アジアサミットも開かれ、現在はアメリカ、ロシアも含めた18カ国が参加。15年12月に域内の関税撤廃を目指す「**ASEAN経済共同体（AEC）**」が発足。総人口6億人超、国内総生産（GDP）の合計が約300兆円の巨大市場が誕生した。政治や社会の分野でも統合を目指す。

BASIC 基本 7

IMF（国際通貨基金）
International Monetary Fund

- □国際通貨体制を支える協力機構
- □1944年、アメリカのブレトンウッズで設立決定
- □為替相場の安定促進などの役割を担う

　国際通貨体制を支える国際通貨・金融の協力機構。1944年、アメリカのブレトンウッズで開かれた国際会議で設立が決定、45年に発足した。本部は**ワシントンD.C.**で、加盟国は**189**カ国。主な会合には年1回の年次総会、原則年2回の国際通貨金融委員会がある。設立当初の目的は固定相場制の維持と、国際通貨体制の安定化であったが、現在では**為替相場**の安定促進や、債務国への融資を通じた国際金融安定の役割を担っている。また年2回、世界経済見通し（WEO）を発表している。金融危機に陥った国への支援も実施し、2017年には融資を受けやすくするための新制度も導入した。

BASIC 基本 8

IAEA（国際原子力機関）
International Atomic Energy Agency

- □原子力の平和利用推進を目的とする国際機関
- □原子力の軍事転用を防ぐ役割もある
- □軍事転用が疑われる国には査察を実施

　原子力の平和利用推進と軍事転用防止を目的とした国際機関。アイゼンハワー米大統領の提唱などにより、1957年に国連の主導で発足した。本部はウィーンで**171**カ国が加盟。2005年には組織と**モハメド・エルバラダイ**事務局長（当時）がノーベル平和賞を受賞。09年12月から19年7月までは天野之弥氏が事務局長を務めた。原子力の平和利用における安全基準などを策定する一方、「核の番人」として軍事転用の可能性を検証する保障措置（査察）を実施。イラクや北朝鮮などで査察や監視活動を行った。核開発疑惑のあるイランとは12年から協議を進め、現在も査察を継続している。

DATA IAEAは国連の関連機関として、国連総会への年次報告を行うほか、国連安保理にも報告を行うなど、国連の専門機関に準ずる地位にある。

TOPICS

国際会議・国際条約

赤シートで答えを隠してトライ！

☐Q1　サミットの参加国
主要8カ国首脳会議の参加国=G8はアメリカ、イギリス、フランス、ドイツ、日本、イタリア、カナダ、（**ロシア**）の8カ国。しかし、2014年3月にクリミア問題で（**ロシア**）の当面排除が決まった。

☐Q2　NPT発効50年
2020年に核兵器不拡散条約（NPT）が発効から50周年を迎えた。NPTは米英仏露中の5カ国を「核兵器国」に定め、それ以外の国に対し核兵器の受領・製造を禁止する条約。原則として5年ごとに（**運用検討会議**）が開かれる。

☐Q3　核兵器を非合法化する国際条約
核兵器を非合法化し、廃絶することを目指す（**核兵器禁止条約**）が、2017年7月に国連で採択された。唯一の被爆国の日本は、アメリカの「核の傘」に守られた国でもあり、同条約には参加していない。

主要な国際会議と参加国

ASEM（アジア欧州会合）

- イギリス
- スイス
- ノルウェー

EU（欧州連合）
加盟27カ国
＋
欧州委員会

- インド
- パキスタン
- モンゴル
- バングラデシュ
- カザフスタン

APEC（アジア太平洋経済協力）
日本　中国　韓国

ASEAN（東南アジア諸国連合）
- ブルネイ
- インドネシア
- マレーシア
- フィリピン
- シンガポール
- タイ
- ベトナム
- ミャンマー
- ラオス　カンボジア

ASEAN事務局

- アメリカ
- カナダ
- オーストラリア
- ニュージーランド
- ロシア
- 香港　台湾
- パプアニューギニア
- メキシコ　チリ
- ペルー

ASEANは10カ国だよ

G8／G7サミット（主要国首脳会合）
G8 / G7 Summit

- □ 各国の首脳が集まって行う会談
- □ G8は先進主要8カ国＋EU
- □ G8からのロシアの排除が決定

主要8カ国（**G8**）ないしは7カ国（**G7**）の首脳が集まって行われる会談。世界経済や政治などの国際問題が話し合われる。**主要国首脳会合**は1975年にフランスの提唱で始まった。当初の参加国はアメリカ、イギリス、フランス、西ドイツ（後にドイツ）、イタリア、日本の6カ国。76年にカナダ、77年にEC（欧州共同体。後にEU）が参加、97年にはロシアも加わった。年に1度開催され、開催国は各国持ち回り。14年にクリミア編入に対する制裁としてロシアの排除が決定。20年6月にアメリカで開催予定だったサミットは、新型コロナウイルスの影響でテレビ会議形式で行われることになった。

G20サミット（主要20カ国・地域首脳会合）
G20 Summit

- □ 新興国を加えた20カ国・地域による首脳会談
- □ 世界金融危機に対応するために開催
- □ 主に世界経済や金融問題が話し合われる

主要20カ国・地域の首脳による国際会議。2008年、世界金融危機に対応するためアメリカで初めて開催された。現在はほぼ1年に1回開かれる。**G20**は、G8の8カ国にEU、中国、韓国、インド、インドネシア、サウジアラビア、ブラジル、アルゼンチン、メキシコ、オーストラリア、トルコ、南アフリカを加えたもの。主に国際経済や金融が会談のテーマとなるため、**金融サミット**ともいわれる。中国など新興国の成長もあり、**G7**以上の影響力をもつとされるが、参加国が多いため議論がまとまりにくいことも指摘されている。19年のG20は大阪で開催され、日本での初開催となった。

DATA 2020年3月、新型コロナウイルスの感染拡大を受け、**G20**の緊急首脳会談がテレビ会議形式で行われた。会議には**世界保健機関（WHO）**なども参加。

BASIC 基本 11 APEC（アジア太平洋経済協力）

Asia-Pacific Economic Cooperation

速効 KEY POINT
- □アジア・太平洋地域の持続的発展を目的とする
- □現在21の国と地域が加盟
- □自由貿易協定について協議中

　アジア・太平洋地域の持続的発展に向けた政府間公式協議体。1989年にアメリカ、カナダ、オーストラリア、ニュージーランド、韓国、日本、ASEAN６カ国の12カ国で発足。91年のソウル宣言で貿易・投資の自由化・円滑化、経済・技術協力が理念に定められた。ASEAN７カ国、**アメリカ**、**カナダ**、**メキシコ**、**チリ**、**ペルー**、**オーストラリア**、**ニュージーランド**、**パプアニューギニア**、**中国**、**韓国**、**日本**、**香港**、**台湾**、**ロシア**の21の国と地域が加盟。現在、**APEC**に参加する21の国・地域による自由貿易協定、「**アジア太平洋自由貿易圏（FTAAP）**」構想が協議されている。

BASIC 基本 12 NPT（核兵器不拡散条約）

Treaty on the Non-Proliferation of Nuclear Weapons

速効 KEY POINT
- □核兵器国以外の国の核兵器の受領・製造の禁止
- □北朝鮮は2003年に脱退
- □５年ごとに再検討会議が行われる

　アメリカ、**イギリス**、**フランス**、**ロシア**、**中国**の５カ国を「**核兵器国**」に定め、それ以外の「非核兵器国」に対し核兵器の受領・製造を禁止する条約。核兵器製造禁止義務の遵守を検証するため、非核兵器国は**IAEA（国際原子力機関）**による包括的保障措置の適用が義務づけられる。1970年に発効し、締約国は現在**191**カ国。未加盟の核保有国はインド、パキスタン、イスラエル。北朝鮮は2003年に脱退。５年ごとに運用状況を検討する再検討会議が開かれる。20年４月に開催予定だった再検討会議は、非核化目標などを盛り込んだ「最終文書」の採択が注目されていたが延期された。

BASIC 基本 13 CTBT（包括的核実験禁止条約）
Comprehensive Nuclear-Test-Ban Treaty

- 地球上および宇宙空間を含めたあらゆる空間での核兵器の実験的爆発およびその他の核爆発を禁止する条約（未臨界実験は除く）。
- 1996年に署名されたが、発効には核兵器保有5カ国を含む**44の発効要件国**すべての批准が必要なため、まだ発効していない。
- **アメリカ**、**イスラエル**、**中国**、**イラン**、**エジプト**、**インド**、**パキスタン**、**北朝鮮**の8カ国が未批准。そのうち**インド**、**パキスタン**、**北朝鮮**は未署名。

BASIC 基本 14 核兵器禁止条約
Treaty on the Prohibition of Nuclear Weapons

- 核兵器を非合法化し、廃絶することを目指す条約。核兵器の非人道性を訴える**メキシコ**など核非保有国が推進してきた。
- 2017年7月に国連で賛成多数によって採択された。批准国が50に達すれば90日後に発効する。20年3月現在、**36**カ国が批准。核保有国や、日本など「核の傘」に入っている国は批准を拒否。
- **核兵器禁止条約**では、核兵器を「非人道的な兵器」とし、開発や保有、実験、製造、使用、核兵器を用いた威嚇を禁止する。

BASIC 基本 15 難民条約
Convention Relating to the Status of Refugees

- 難民の保護を目的とする国際条約で、正式名称は「難民の地位に関する条約」。1951年に締結され、54年に発効。さらに67年に採択された「難民の地位に関する議定書」で地理的・時間的制約が取り払われた。通常、この2つを併せて「**難民条約**」とする。
- 難民の権利保護を保障し、迫害される恐れのある国への強制的な追放や帰還を禁じている。
- 日本は1981年に加盟し、翌82年に発効。

> **DATA** 難民を支援するための国際機関が**国連難民高等弁務官事務所（UNHCR）**。**UNHCR**の報告によると、2018年末時点で世界の難民数は**7080**万人。

TOPICS

アジア情勢

赤シートで答えを隠してトライ！

☐Q1　北朝鮮情勢
2018年6月、（金正恩）朝鮮労働党委員長とトランプ米大統領との初の首脳会談が実現。その後、実際の（非核化）に進展はない。

☐Q2　カシミール問題
カシミール地方の領有権をめぐって（インド）とパキスタンの間では過去幾度も軍事衝突が発生。一部は中国も領有を主張している。

北朝鮮の核・ミサイル開発をめぐる主な動き	
1993年 5月	「ノドン」を発射
1998年 8月	「テポドン1」を発射
2003年 1月	核兵器不拡散条約（NPT）から脱退
2006年 7月	「テポドン2」などミサイル7発を発射
10月	地下核実験を行う
2009年 4月	改良型の「テポドン2」を発射
5月	2回目の地下核実験を行う
2012年12月	長距離弾道ミサイルの発射実験を行う
2013年 2月	北朝鮮が3回目の核実験を強行する
2016年 1月	4回目の核実験を行う
2月	実質的な長距離弾道ミサイルの発射実験を行う
8月	潜水艦発射弾道ミサイル（SLBM）を発射
9月	5回目の核実験を行う
2017年 7月	大陸間弾道ミサイル（ICBM）「火星14」を2度発射
9月	6回目の核実験を行う
11月	新型ICBM「火星15」を発射 アメリカがテロ支援国家に再指定
2018年 4月	南北首脳会談で非核化を表明
6月	初の米朝首脳会談開催
2019年 2月	2回目の米朝首脳会談
5月	ミサイル発射実験を再開
6月	3回目の米朝首脳会談

領有権をめぐり争いが起きているカシミール地方

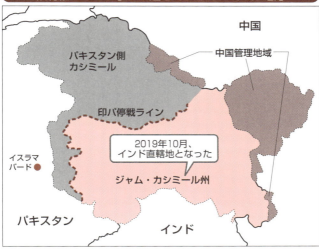

中国の自治区と特別行政区（香港）、台湾

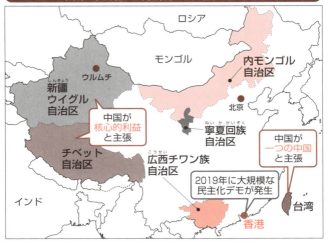

DATA 台湾の独立を警戒する中国は、中国大陸と台湾が「**一つの中国**」であるとする1992年合意の遵守を強調しているが、台湾の民進党は合意を認めていない。

BASIC 基本 16 アジア欧州会合（ASEM）
Asia-Europe Meeting

速効 KEY POINT
- □アジアと欧州の政治・経済関係の強化を目指す
- □隔年で首脳会合を開催
- □51カ国と2機関が参加

　首脳・閣僚レベルの協議体として1996年に発足した。アジアの経済成長を背景に、アジアと欧州との政治、経済、社会・文化の協力関係強化を目的とする。2年に1度、アジアと欧州で交互に首脳会合が開かれるほか、外相や財務相・経済閣僚などの閣僚級会合が毎年行われる。発足当初は東南アジア諸国連合（ASEAN）7カ国と日中韓、欧州連合（EU）15加盟国（当時）の計25カ国と欧州委員会が参加。現在は**51**カ国、2機関が参加している。2018年の**ASEM**では、国連と世界貿易機関（WTO）のルールに基づく姿勢を強調し、米トランプ政権の自国第一主義を牽制した。

NEW 最新 17 北朝鮮
Democratic People's Republic of Korea / North Korea

速効 KEY POINT
- □2017年9月に6回目の核実験を行う
- □18年6月に初の米朝首脳会談が実現
- □北朝鮮はミサイル発射実験を再開

　金正日（キムジョンイル）総書記の死去にともない、2012年4月、金正恩（キムジョンウン）が第一書記に就任した（現在の肩書きは朝鮮労働党委員長）。核やミサイルの開発路線は継続され、17年9月に6回目の核実験が行われた。18年6月に史上初の米朝首脳会談が実現し、北朝鮮の**非核化**やミサイルの破棄で合意したが、その期限などは提示されなかった。その後、2度にわたって米朝首脳会談が行われたが、交渉は進展していない。19年5月から北朝鮮はミサイル発射実験を再開。執拗にミサイル発射実験を繰り返しており、アメリカを射程に入れる大陸間弾道ミサイル（ICBM）の実験再開もほのめかしている。

米朝首脳会談
U.S.-North Korea Summit

速効 KEY POINT
- □北朝鮮の体制保証と非核化を確認
- □非核化の具体策は提示されていない
- □2回目・3回目の会談では交渉は進展せず

　2018年6月、アメリカのトランプ大統領と北朝鮮の金正恩朝鮮労働党委員長による初の米朝首脳会談が行われた。会談後の共同宣言では、北朝鮮の体制保証と朝鮮半島の完全な**非核化**を互いに確認したが、北朝鮮の核兵器やミサイルの廃棄について具体的な道筋や期限、査察方法にはふれなかった。19年2月に2回目の首脳会談が開かれたが、合意に至らず物別れに終わった。同年4月には金委員長が交渉期限を19年末までと発表。6月には電撃的に3回目の米朝首脳会談が開かれ、交渉の継続で合意したが、10月の米朝実務協議で北朝鮮は**決裂**を宣言。協議再開のめどは立っていない。

香港大規模デモ
Hong Kong Protests

速効 KEY POINT
- □香港で大規模な反政府抗議デモが発生
- □きっかけは「逃亡犯条例」の改正案
- □デモ隊は香港の高度な自治が脅かされると主張

　2019年6月、香港で大規模な反政府抗議デモが発生した。きっかけは、犯罪容疑者を中国に引き渡せるとした「逃亡犯条例」改正案で、デモを行った市民らは改正によって「**1国2制度**」によって維持された高度な自治が脅かされると主張した。当初、香港・中国政府はデモを非難したが、9月に香港政府が条例案の撤回を発表。しかし、デモ隊は**普通選挙**実施などの「5大要求」を掲げてデモを継続し、民主化運動に発展した。10月には香港政府が事実上の戒厳令を発令したため、香港・中国政府への反発が高まった。11月の区議選（地方議会選）では民主派が圧勝し、民意を示した。

DATA　2020年1月の台湾総統選では、中国と対立する民進党の**蔡英文**（ツァインウェン）総統が再選した。香港の抗議デモを受け、中国への警戒感が高まった結果と見られる。

習近平国家主席
Xi Jinping

- □中国の国家主席
- □憲法を改正し、長期政権を目指す
- □経済圏構想「一帯一路」を推進

　2013年3月の**全人代（全国人民代表大会）**で**習近平**（シージンピン）総書記が国家主席に選出された。就任以後、汚職を取り締まる「反腐敗」闘争を展開し、権力基盤を固めた。17年10月に総書記に再任。政権は2期目に入り一強体制を強めている。さらに18年3月には、憲法改正によって国家主席の任期上限を撤廃し、長期政権の道を開いた。外交ではロシアやアフリカとの関係を密にし、新興国の代表として欧米に対抗する立場を強調。現代のシルクロード経済圏構想である「**一帯一路**」を推進し、影響力を強めている。また、東シナ海や南シナ海では自国権益を守る姿勢を強め、他国との摩擦を生んでいる。

ロヒンギャ
Rohingya

- □ミャンマー西部に住む少数民族
- □イスラム教を信仰
- □掃討作戦により多数が難民となる

　ミャンマー西部に居住する少数民族で、その数は約100万人とされる。主にイスラム教を信仰。以前から迫害を受け、仏教徒との衝突も問題とされてきた。2017年8月、**ロヒンギャ**の武装勢力が警察施設などを襲撃。これをきっかけに、ミャンマーの治安部隊が掃討作戦を開始し、70万人以上の**ロヒンギャ**が隣国のバングラデシュに逃れた。国際刑事裁判所（ICC）は19年11月に**ロヒンギャ**迫害について正式捜査を決定し、20年1月には国際司法裁判所（ICJ）がジェノサイド（大量虐殺）防止の仮保全措置命令を出すなど、ミャンマー政府への国際的な圧力が強まっている。

タイ
Thailand

- **タイ**では2001年のタクシン政権発足以来、貧困層を中心としたタクシン派と、軍や官僚などが支持する反タクシン派とが対立。
- 14年に軍がクーデターを起こし、タクシン派政権が崩壊。軍人の**プラユット**首相による軍事政権が誕生し、強権政治を行う。
- 19年3月に民政復帰のための総選挙が行われたが、タクシン派も親軍政派も過半数に至らず。6月に首相選挙が行われ、**プラユット**暫定首相が新首相に就任。政治が軍の影響を受ける構図は続く。

新型コロナウイルス
2019 Novel Coronavirus

- 2019年末、中国の**武漢**で多数の肺炎患者が発生。20年1月には日本を含む各国で感染者が確認された。同年3月には**世界保健機関（WHO）**がパンデミック（世界的流行）を認定。
- 中国は国内外への団体旅行禁止や、都市の封鎖を実施。
- 日本でも感染は拡大しており、政府は1世帯あたり2枚のマスクの郵送、収入が急激に減った世帯への1世帯あたり30万円の現金給付、インフルエンザ治療薬「アビガン」の増産などを進めている。

カシミール問題
Kashmir Conflict

- インド北部とパキスタンの北東部にまたがる**カシミール**地方の領有をめぐる争い。一部は中国も領有を主張。特にインドとパキスタンの間では過去幾度も軍事衝突が発生している。
- 2019年8月、インドのモディ首相はインド側でイスラム教徒が多数を占める**ジャム・カシミール**州の自治権を剥奪し、10月にインド直轄地とした。パキスタンは自治権剥奪の撤回を主張。同州では抗議デモが発生し、インド治安部隊との衝突が起きた。

DATA インドのモディ首相は2019年5月の総選挙で再任され2期目に入った。ヒンドゥー至上主義を掲げており、以前から**カシミール**の直接支配を主張していた。

TOPICS

中東問題

赤シートで答えを隠してトライ！

☐Q1　シリア内戦
2011年から続くシリア内戦では、17年以降（**イスラム国（IS）**）が衰退、現在はロシアの支援を受けた（**アサド**）政権の政府軍が優位に立つ。

☐Q2　パレスチナ自治
1993年の（**オスロ合意**）により、ヨルダン川西岸とガザ地区でパレスチナ人の自治が認められた。ヨルダン川西岸は（**ファタハ**）が、ガザ地区は（**ハマス**）が統治を行っている。

☐Q3　イラン核合意の危機
2018年5月に（**アメリカ**）がイラン核合意から一方的に離脱。イランは対抗措置として、ウラン濃縮などを段階的に進めている。

シリア内戦の経過			
2011年	3月		大規模な反体制デモが発生
	6月		国連高官がシリアが内戦状態にあるとの見解を示す
			アサド大統領が「真の戦争状態にある」と発言
13年	8月		政府軍によって化学兵器が使用される
14年	6月		大統領選でアサドが再選される
			「イスラム国（IS）」が国家樹立宣言
	7月		OPCWが化学兵器のシリア国外への搬出完了を発表
	9月		米軍、シリアでISに対して空爆開始
15年	9月		ロシア軍、シリアで空爆開始
16年	8月		トルコがシリア領内に侵攻
	12月		シリア政府軍がアレッポを拠点とする反体制派を制圧
17年	10月		ISが首都としたラッカが陥落
18年	1月		トルコがシリアに越境
	2月		反体制派が支配する東グータ地区への攻撃激化
	4月		シリア政府軍が反体制派の拠点、東グータ地区を制圧
	7月		シリア政府軍が南部の反体制派拠点をほぼ制圧
19年	10月		トルコがシリア北部に越境攻撃
	12月		反体制派最後の拠点イドリブ県への攻撃激化

シリア内戦をめぐる構図

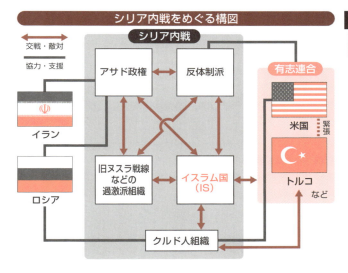

パレスチナと周辺

DATA イスラエルは**ガザ**地区を封鎖して国境に分離壁を建設。ヨルダン川西岸では入植地を拡大してパレスチナ人の排除を行っており、国際的な非難を集めている。

イスラム国(IS)
25 BASIC 基本
Islamic State

- イスラム教スンニ派の過激派組織
- シリアとイラクにまたがる地域に国家樹立を宣言
- 2015年以降、拠点都市を失い、弱体化

　イスラム教スンニ派の過激派組織。2013年にシリア内戦に介入し、14年にはイラクに侵攻。シリアとイラクにまたがる地域を支配し、「**イスラム国（IS）**」の国家樹立を宣言した。14年8月からアメリカを中心とした有志連合が、15年からはフランスやロシア、トルコが**IS**に対する空爆を開始。シリア政府軍やイラク治安部隊、クルド人部隊も攻勢を強め、17年にはイラクの最大拠点モスルや、首都とされたシリアのラッカが陥落し、急激に弱体化が進んだ。19年3月にはシリアでの最後の拠点も陥落。同年10月には米特殊部隊によって最高指導者のバグダディ容疑者が殺害された。

シリア
26 NEW 最新
Syria

- アサド大統領が独裁体制を敷く
- 反政府デモを弾圧し、内戦に発展
- イドリブ県での停戦に合意

　2011年3月、**シリア**で大規模な反体制デモが発生。長期独裁体制を敷くアサド政権はデモを弾圧し、政府軍と反体制派との内戦に発展した。さらに「**イスラム国（IS）**」やアルカイダ系の武装組織、クルド人勢力、クルド人と敵対するトルコも内戦に介入。反体制派を支援する欧米諸国とアサド政権の後ろ盾であるロシアとの対立も深刻化した。19年12月から政府軍は反体制派最後の拠点のイドリブ県への攻勢を強め、反体制派を支援するトルコ軍との戦闘が激化。20年3月、ロシアのプーチン大統領とトルコのエルドアン大統領が会談を行い停戦で合意。大規模な軍事衝突はひとまず回避された。

BASIC 基本 27 パレスチナ問題
Palestinian Problem

KEY POINT
- □イスラエルとパレスチナの対立
- □オスロ合意により、パレスチナ自治が認められる
- □パレスチナは国家樹立を主張

　パレスチナの土地をめぐるイスラエルとパレスチナの対立問題。1948年のイスラエル建国で、その地に住んでいたパレスチナ人が難民となり、占領に抵抗。93年のオスロ合意により、ヨルダン川西岸と**ガザ**地区でパレスチナ人の自治が認められたが、2007年以降、ヨルダン川西岸は穏健派の「ファタハ」が、**ガザ**地区は急進派の「**ハマス**」が統治する分裂状態となっている。「**ハマス**」とイスラエルは激しく対立し、**ガザ**地区への侵攻が繰り返されている。パレスチナはパレスチナ国家の樹立による「2国家共存」を主張しているが、イスラエルはそれを拒否。和平交渉も頓挫している。

NEW 最新 28 トルコ
Turkey

KEY POINT
- □クーデター未遂事件、大統領は反政府派を弾圧
- □2018年6月、エルドアン大統領が再選
- □政治体制が議院内閣制から大統領制へ移行

　トルコは公の場への宗教の持ち込みを禁じた「世俗主義」を国是とする。だが、2002年以降単独政権を続ける公正発展党（AKP）は次第にイスラム色を強め、14年にエルドアン大統領が誕生すると、世俗派に対する弾圧も始まった。16年のクーデター未遂事件後、エルドアン大統領は反対勢力を粛清し、報道統制を強化するなど強権姿勢を強めた。17年には憲法が改正され大統領への権力集中が進む。18年6月の大統領選ではエルドアン大統領が再選され、政治体制が議院内閣制から**大統領制**へと移行。また、シリアやリビアの内戦にも介入し、地域での影響力を強めている。

DATA 2020年1月、トランプ米大統領はイスラエルと**パレスチナ**の中東和平案を発表したが、イスラエル寄りの内容だったため、**パレスチナ**は交渉を拒否した。

BASIC 基本 29 サウジアラビア
Saudi Arabia

速効 KEY POINT
- □ スンニ派を代表する国家
- □ ムハンマド皇太子が権力集中を進める
- □ 石油施設が攻撃される事件が発生

　イスラム教スンニ派を代表する国家。シーア派国家の**イラン**とは対立関係にあり、2016年1月に国交を断絶。17年6月には**サウジアラビア**を含むアラブ5カ国が親**イラン**のカタールとも断交している。イエメンやシリアなどの紛争に介入し、スンニ派を支援。17年6月にムハンマド・ビン・サルマン副皇太子兼国防相が皇太子に昇格し、政治・軍事面で権力を掌握。王族ら200人以上を汚職の疑いで拘束し、権力の集中を進める。19年9月には**サウジアラビア**東部の石油施設が何者かによって攻撃される事件が発生。アメリカは攻撃が**イラン**によるものと断定したが、**イラン**はこれを否定している。

BASIC 基本 30 イラン
Iran

速効 KEY POINT
- □ シーア派を代表する国家
- □ 核兵器を制限する「核合意」を締結
- □ アメリカが革命防衛隊の司令官を殺害

　イランはイスラム教シーア派を代表する国家。1979年の**イラン**革命後、宗教的な最高指導者の下で厳格な政教一致体制を維持している。ロウハニ大統領は、前政権の核開発路線を転換し、2015年に「**核合意**」を締結。しかし、18年にアメリカが**核合意**から離脱し、経済制裁を再開したため経済はマイナス成長に陥った。19年11月にはガソリン代の値上げに端を発した反政府デモが各地で発生した。また、アメリカとの対立も深刻化。20年1月にはアメリカがイラン革命防衛隊コッズ部隊のスレイマニ司令官を殺害。**イラン**も報復として米軍が駐留するイラクの基地をミサイルで攻撃した。

イラン核合意
Iran Nuclear Deal

- 2015年にイランと米英仏独中露の6カ国との間で結ばれた合意。イランは核開発を制限し、代わりに各国は経済制裁を解除するもの。しかし、18年5月にトランプ米大統領は**イラン核合意**から一方的に離脱し、経済制裁を再開した。
- イランは経済制裁への対抗措置として、ウラン濃縮などを段階的に進めている。一方で、**国際原子力機関(IAEA)** の査察には協力するなど、**核合意**からの完全離脱には踏み切っていない。

イエメン
Yemen

- **イエメン**では2011年に反政府デモが発生し、12年にスンニ派のハディ暫定大統領が誕生した。15年1月、親**イラン**のシーア派武装組織「フーシ」がクーデターを起こし、内戦が勃発。
- 15年3月にはサウジアラビアが大統領派を支援して内戦に介入。内戦は、宗派対立を含んだサウジと**イラン**の代理戦争と化した。
- 内戦では1万人以上が死亡。破壊や難民化によって人口の半分が飢餓の危機にあり、国連は「世界最悪の人道危機」とする。

クルド
Kurd

- 国家をもたない最大の民族といわれる。トルコ、イラク、イラン、シリアの国境地帯を中心に居住。推定人口は約**3000万**人。
- トルコでは分離独立を求める**クルド労働者党(PKK)** と政府との対立が2015年以降激化。トルコはシリア北部の**クルド人**組織が**PKK**と連携しているとし、19年10月にシリアへ越境攻撃した。
- イラクでは北部3州で自治を行う。17年には分離独立を問う住民投票も実施されたが、国際的な理解が広まらず、独立を断念。

DATA 中東情勢を複雑化させているのがイスラムの宗派対立。特に**シーア**派と**スンニ**派との対立はイラクやシリア、イエメンなどで深刻化している。

TOPICS

アメリカ・ヨーロッパ情勢

赤シートで答えを隠してトライ！

☐Q1　ウクライナ疑惑
2019年12月、米下院はウクライナ疑惑について、トランプ大統領を弾劾訴追した。20年1月には上院で（**弾劾裁判**）が開始され、2月に無罪評決が出された。

☐Q2　イギリスのEU離脱
イギリスでは2019年7月にメイ首相が辞任し、（**ジョンソン**）政権が誕生した。（**ジョンソン**）首相は同年12月に総選挙を行い、離脱派が大勝。20年1月にEUからの離脱を実現させた。

☐Q3　欧州議会選挙
2019年5月の欧州議会選挙では、躍進が予想された（**EU懐疑派**）が伸びず、（**親EU派**）が安定多数の3分の2の議席数を確保した。

トランプ大統領の外交・通商政策の特徴
多国間による協議を嫌う ・環太平洋パートナーシップ協定（TPP）からの離脱 ・地球温暖化対策の枠組みであるパリ協定からの離脱 ・イラン核合意離脱 ・ユネスコ、国連人権理事会からの脱退表明
自国第一主義 ・北米自由貿易協定（NAFTA）見直し ・中国へ制裁関税を課すなどの強硬姿勢
コア支持層へのアピール ・移民・難民の流入規制 ・イスラエルの入植を容認
強い指導者像の演出 ・米朝首脳会談 ・一般教書演説で「偉大なアメリカの再起」を強調

34 トランプ大統領
Donald Trump

KEY POINT
- 多国間による協調路線を否定
- 「自国第一主義」を掲げる
- 移民・難民の流入規制を強化

2017年1月、共和党の**ドナルド・トランプ**がアメリカ大統領に就任。外交ではオバマ前大統領の多国間協調路線を否定し、指導者同士による二国間交渉を重視。また「**自国第一主義**」を掲げ、保護主義、排外主義的な政策も主張する。主な政策には、環太平洋パートナーシップ協定（TPP）やパリ協定、イラン核合意、ロシアとの中距離核戦力（INF）全廃条約、ユネスコ、**国連人権理事会**からの離脱がある。貿易では北米自由貿易協定（NAFTA）を見直し、中国へは制裁関税を課して貿易紛争に発展。国内政策ではメキシコ国境での壁建設などで移民・難民の流入規制を強化している。

35 ウクライナ疑惑
Ukraine Scandal

KEY POINT
- トランプ大統領が政敵の疑惑調査を要求
- 下院によって弾劾訴追される
- 上院によって無罪評決が出される

ウクライナ疑惑とは、トランプ大統領がウクライナのゼレンスキー大統領との電話会談で、政敵である**バイデン**前副大統領の疑惑調査を要求したとするもの。ウクライナに圧力をかけるため、軍事支援を一時凍結した疑惑もある。2019年12月、民主党が多数を占める下院はトランプ大統領を弾劾訴追した。訴追条項は、自らの利益のために公権力を行使した「職権濫用」と、下院による調査を拒否した「議会妨害」の2つ。20年1月には共和党が多数を占める上院で**弾劾裁判**が開始された。米大統領の**弾劾裁判**は史上3人目となる。2月には証人招致も実現しないまま、無罪評決が出された。

DATA 2020年11月には米大統領選挙が行われる予定。大統領候補の指名争いでは、民主党の候補は**バイデン**前副大統領の指名獲得が確実になっている。

BASIC 基本 36 EU（欧州連合）
European Union

- □ ヨーロッパの国家連合体
- □ 19カ国で共通通貨ユーロが使用されている
- □ イギリスの離脱により加盟国は27カ国

　ヨーロッパ統合の国家連合体。本部はベルギー・ブリュッセル。1958年発足のEEC（欧州経済共同体）、67年発足のEC（欧州共同体）などを前身とし、93年のマーストリヒト条約でEC加盟12カ国により発足。執行機関として**閣僚理事会**と**欧州委員会**があり、その上に**加盟国首脳会議（欧州理事会）**が置かれる。イギリスが離脱したため現在、加盟国は27カ国。トルコなどが加盟候補国になっている。また、域内19カ国が共通通貨である**ユーロ**を導入しており、アメリカと並ぶ巨大経済圏を形成している。平和や民主主義などへの貢献が評価され、12年には**ノーベル平和賞**を受賞した。

NEW 最新 37 イギリスEU離脱
Brexit

- □ 国民投票で離脱派が勝利
- □ 2019年の総選挙で離脱派が大勝
- □ 20年1月に離脱

　2016年6月、イギリスで**欧州連合（EU）**離脱の是非を問う国民投票が実施され、離脱派が勝利。背景には移民の増加に対する反発や、**EU**によって法律や規制が決められることへの不満が挙げられている。国民投票直後に発足したメイ政権は、**EU**と離脱協定案をまとめるも、英議会が協定案を否決。19年7月にメイ首相が辞任し、離脱推進派の**ジョンソン**政権が誕生した。同年12月の総選挙で離脱派の保守党が大勝し、離脱協定案が議会を通過。20年1月に**EU**から離脱した。20年末までは離脱への「移行期間」となり、20年3月には貿易協定などについての交渉が開始されている。

BASIC 基本 38 プーチン大統領
Vladimir Vladimirovich Putin

速効 KEY POINT
- □ロシアの大統領
- □ウクライナに軍事介入
- □シリア内戦ではアサド政権を支援

ロシアの大統領。2000年の就任以後、首相就任期間(08〜12年)を挟み現在まで大統領を務める。現在4期目で任期は24年までだが、20年3月にロシア議会は憲法改正案を可決。同案により**プーチン大統領**が24年の大統領選に出馬することが可能となった(4月に予定された改憲の国民投票は延期)。14年3月には**ウクライナ**に軍事介入。そのため欧米諸国の反発を招き、経済制裁を科されている。**シリア**の内戦ではアサド政権を支援。停戦の仲介役を務めるなど、中東地域での影響力を強めている。国内では長期政権や強権支配に対する不満も募っており、支持率に陰りが見られる。

NEW 最新 39 中距離核戦略(INF)全廃条約
Intermediate-Range Nuclear Forces Treaty

速効 KEY POINT
- □1987年に米ソ間で締結
- □トランプ米大統領が離脱を宣言し、19年に失効
- □米露ともにミサイル開発を再開

中距離核戦略(INF)全廃条約は核弾頭を配備した射程500〜5500kmの地上発射型弾道および巡航ミサイルの保有などを禁じたもので、1987年にアメリカと当時のソ連の間で結ばれた。2018年10月、トランプ米大統領はロシア・中国の軍拡に対抗するとの名目で**INF全廃条約**からの離脱を発表。19年2月、ロシアに離脱を通告し、同年8月に失効した。アメリカは同条約が禁じるミサイルの発射実験を再開。同年12月にも弾道ミサイルの発射実験を実施した。ロシアは対抗措置としてミサイル開発の再開を明言。中国も反発し、大国間での軍拡競争激化が懸念されている。

DATA イギリスと**EU**は**自由貿易協定(FTA)**を軸に交渉を進める。**EU**は様々な分野の規制を**EU**の水準に合わせることを求めており、交渉の難航が予想される。

1 国際 ●アメリカ・ヨーロッパ情勢●

40 メルケル首相
Angela Merkel

- 与党、**キリスト教民主同盟（CDU）**の党首で、ドイツの首相を4期務める。2010年の欧州金融危機では各国に財政規律を求め、15年の難民危機では、多数の難民受け入れを表明した。
- 17年の総選挙で**CDU**は第1党を確保したが、議席を大幅に減らした。18年3月に大連立による第4次**メルケル**政権が発足。
- 18年10月の州議会選挙で**CDU**が大敗し、党首を辞任。首相は21年秋の任期まで続けるが、支持率の低下に苦しんでいる。

41 欧州議会選挙
European Parliament Election

- **欧州議会**は欧州連合（EU）の主要機関のひとつ。議席は人口比率に応じて各国に配分され、5年に1度選挙が行われる。
- 2019年5月の**欧州議会選挙**では、これまで議会で大連立を組んでいた中道右派・左派の2大会派が初めて過半数を失った。
- 移民排斥などを掲げるEU懐疑派は事前予想と比べて伸び悩み、議席数は微増。また、環境政党「緑の党」など2大会派以外の親EU派が躍進したため、親EU派は3分の2の議席を確保した。

42 ポピュリズム
Populism

- **ポピュリズム**は大衆迎合主義などと訳される。既存の政党や既得権益層、エリートを批判することで、大衆を扇動する。
- 欧州では国家主義的な特徴をもつ右派**ポピュリズム**政党が台頭。主張が差別や排斥主義に繋がりやすいため、問題視されている。
- フランスの「国民連合」やドイツの「ドイツのための選択肢（AfD）」などが代表的。一方、ギリシャの「シリザ」や、スペインの「ポデモス」など左派**ポピュリズム**政党も存在する。

ベネズエラ
43　Venezuela

- □ 政策の失敗からインフレや食料不足に見舞われる
- □ マドゥロ大統領が独裁色を強めている
- □ グアイド国会議長が暫定大統領就任を宣言

　南米の**ベネズエラ**では経済政策の失敗や原油価格の下落で、ハイパーインフレや生活必需品の不足に見舞われている。**マドゥロ**大統領は独裁色を強め、2017年7月には政権派だけによる制憲議会を発足、野党が多い国会を無効化した。18年5月の大統領選挙は野党を排除したまま行われ、**マドゥロ**大統領が再選。19年1月には大統領選を無効として、野党の**グアイド**国会議長が暫定大統領就任を宣言し、**マドゥロ**大統領と対立。同年4月には大規模な反政府デモも発生。欧米や日本は**グアイド**暫定大統領を承認し、アメリカは経済制裁を実施。ロシアや中国は**マドゥロ**大統領を支援している。

PKO（国連平和維持活動）
44　United Nations Peacekeeping Operations

- □ 国連が行う平和維持活動
- □ 軍事組織を現地に派遣
- □ 平和維持軍・軍事監視団がある

　紛争地域の平和を維持するため、国連が一定規模の軍事組織を現地に派遣して行う活動。近年は冷戦の終結にともなう国際紛争の変容を反映して、選挙や文民警察などの行政事務、人権保護や難民帰還支援などの人道援助、復興開発など任務が多様化している。派遣される軍事組織を大別すると、「**平和維持軍**」（PKF＝Peace-keeping Force）と「**軍事監視団**」（Military Observer Group）の2つ。**平和維持軍**は停戦や武装解除などの監視・監督を主な任務とし、各国が提供する部隊を国連が統括する形で組織される。**軍事監視団**は各国の非武装の将校で構成され、監視、検証、査察などにあたる。

DATA　2019年のノーベル平和賞は**エチオピア**の**アビー**首相が受賞。隣国エリトリアとの国境紛争を20年ぶりに終結させたことなど、地域の安定化に貢献した。

リビア内戦
45 Libyan Civil War

- **リビア**は2011年に「アラブの春」の影響でカダフィ政権が崩壊。その後、複数の武装勢力が割拠し、混乱に陥った。
- 15年に国連の仲介で統一政府が樹立され、16年にサラージ暫定首相が就任したが、ハフタル司令官が政府を拒否。西部の首都トリポリを拠点とする暫定政権と、東部を拠点とするハフタル司令官率いる**リビア国民軍（LNA）**によって国家分裂状態となる。
- 19年4月、**LNA**がトリポリに進軍し、戦闘が激化。

 ## ボルソナーロ大統領
46 Jair Bolsonaro

- 2018年10月、ブラジルの大統領選で、極右政党「社会自由党」の**ジャイル・ボルソナーロ**氏が当選。19年1月に就任した。
- マイノリティに対する差別的な発言や、自国第一主義、SNSを多用する手法などから「ブラジルのトランプ」と呼ばれる。
- 環境保護よりも開発を優先させた結果、アマゾンでは違法な伐採や放火が横行し、森林火災が頻発。大統領は当初、消火活動には消極的だったが、国内外の批判を受け、軍に消化活動を命じた。

 ## スーダン
47 Sudan

- 1989年に、クーデターによって軍人のバシル氏が大統領となり、以後30年にわたって軍政による強権支配を続ける。
- 2018年末から反政府デモが続き、19年4月にバシル政権が**軍**の**クーデター**によって崩壊。**軍**主導の暫定政権が誕生したが、デモを主導してきた民主化勢力は民政を求め、暫定政権と対立した。
- 19年8月、暫定政権とデモ隊は民政移管までのプロセスで合意。移管期間を約3年とし、それまでは両者による統治を行う。

政治

■勉強のポイント
①国会・内閣の基本をきちんと把握しよう
②選挙の仕組みと政党の現在を頭に入れよう
③行政改革など政府の政策を確認しよう
④急浮上している外交問題や防衛のあり方を知ろう

重要項目

☐ **Check1** 基本
「1票の格差」とはどのような問題?
(→P54の9)

☐ **Check2** 最新
2019年7月に行われた参議院選挙の結果は?
(→P57の18)

☐ **Check3** 最新
日韓関係悪化のきっかけは?
(→P68の36)

☐ **Check4** 最新
普天間飛行場の辺野古移設問題の現状は?
(→P70の38)

☐ **Check5** 最新
憲法の改正では何が議論されている?
(→P74の47)

TOPICS

国会・内閣

赤シートで答えを隠してトライ！

☐ Q1　国会の種類
国会の種類には会期により通常国会、臨時国会、特別国会の3種類があるが、通常国会の会期は（**150**）日とされる。

☐ Q2　法案の事前審査機関
国会で能率的な審議を行う目的で、専門知識や経験のある少数の議員で構成される法案の事前審査機関を（**常任委員会**）という。

☐ Q3　想定外の事態に用いられる予算
予見しづらい事態が発生し当初予算の過不足や内容変更を迫られた場合、必要になった経費を計上する予算を（**補正**）予算という。

☐ Q4　第4次安倍内閣の顔ぶれ
2019年9月に発足した第4次安倍再改造内閣では、20年3月現在、副総理・財務大臣に（**麻生太郎**）、外務大臣に茂木敏充、法務大臣に森まさこ、官房長官には（**菅義偉**）が起用されている。

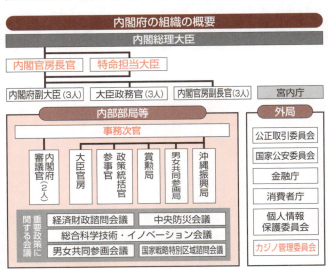

国会の種類

種類	通常国会	臨時国会	特別国会	参議院の緊急集会
回数・開催の時期	毎年1回、1月中に召集される	①必要に応じて ②衆参どちらかの総議員の4分の1以上の要求があったとき ③衆議院の任期満了による選挙があったとき（選挙後30日以内）④参議院の通常選挙があったとき（選挙後30日以内）	衆議院解散による総選挙があったとき（選挙後30日以内）	衆議院の解散中に緊急の必要が生じたとき
主な課題	次年度の予算やその関連法案など	補正予算のほか、緊急を要する議事など	内閣総理大臣の指名など	緊急の議事*
会期	150日間	両議院一致の議決で決定（不一致の場合は衆議院の議決が優先）	両議院一致の議決で決定（不一致の場合は衆議院の議決が優先）	不定（案件をすべて処理し終われば閉会）
延長	1回まで	2回まで	2回まで	不定

＊緊急集会でとられた措置は、あくまで緊急措置であり、次の国会開会後10日以内に衆議院の同意が得られなければ失効する

DATA 予算編成が遅れるなど、新年度になっても予算が成立しない場合に、行政機能の停止を避ける目的で暫定予算が組まれることもある。

BASIC 基本 1

国会
Diet

速効 KEY POINT
- □国権の最高機関
- □国の唯一の立法機関
- □衆議院・参議院

日本国憲法において**国会**は、「権の最高機関」で「国の唯一の立法機関」であるとされる。国民の投票による選挙で選ばれた**国会議員**からなり、衆議院と参議院で構成される。会期により**通常国会**、**臨時国会**、**特別国会**の3種類がある。**通常国会**は、毎年1回1月に召集され会期は**150日間**。前半は予算、後半は内閣の方針に基づく種々の法案が審議される。延長は**1**回のみ認められる。**臨時国会**は内閣が案件に応じて召集を決定する場合や衆院議員の任期満了による総選挙後などに開かれる。**特別国会**は衆院解散による総選挙後**30**日以内に召集され、内閣総理大臣の指名が最大の議題となる。

BASIC 基本 2

常任委員会
Standing Committee

速効 KEY POINT
- □法案の事前審査機関
- □議事は出席議員の過半数で決定
- □衆参17ずつ

本会議で能率的な審議を行うため、専門知識や経験のある少数の議員で構成される法案の事前審査機関。委員会には委員の半数以上の出席が必要で、議事は出席議員の過半数で決定する。2001年の省庁再編にともない**常任委員会**の再編も行われ、衆参**17**ずつの**常任委員会**となった。衆議院には内閣、総務、法務、外務、財務金融、文部科学、厚生労働、農林水産、経済産業、国土交通、環境、安全保障、国家基本政策、予算、決算行政監視、議院運営、懲罰の各委員会がある。国会議員は少なくともひとつに属さなくてはならない。**常任委員会**とは別に、案件ごとに設置される**特別委員会**もある。

BASIC 基本 3 補正予算
Supplementary Budget

KEY POINT 速効
- □当初予算成立後、必要になった経費を計上する
- □財政法上、特に緊急な経費に限られる
- □実際は常態化している

当初予算成立後、天災など予見しづらい事態が発生し予算の過不足や内容変更に迫られた場合、必要になった経費を計上する予算。財政法では特に緊急な経費に限るとされるが、公務員給与のベースアップ、公共事業の追加、税収見積もりの増減、国債の増発などでも**補正予算**が編成されている。**補正予算**の濫用は財政民主主義の観点からすれば好ましくないが、近年では、経済状況の変化に応じて**補正予算**を組むことが常態化している。2019年度の**補正予算**は災害からの復旧・復興費や、五輪・パラリンピック後の経済下支えなどで、**4兆4722億**円が計上された。

BASIC 基本 4 組閣
Formation of a Cabinet

KEY POINT 速効
- □内閣総理大臣による国務大臣の決定
- □内閣を組織
- □派閥を配慮した閣僚配分

内閣総理大臣が新しい**国務大臣**を決定し（首相を除く国務大臣の上限は**17**人）、**内閣**を組織すること。通常は首相が用意した**組閣**プランを、首相、官房長官、与党代表者による**組閣**本部で協議し決定する。自民党内閣では、おおむね各派閥規模に応じて、各派閥への閣僚配分数を決定した。民間人を登用する場合は総裁の派閥分から供出するのが慣例である。連立政権においても、閣僚配分の原則は大きくは変わっておらず、各党の衆議院の議席数に応じて配分する。現在の第4次安倍再改造内閣では連立相手の公明党から1人（赤羽一嘉国土交通大臣）が入閣している。

DATA 本会議と委員会の違いは、本会議が国会閉会中は開けないのに対し、委員会は閉会中でも審査でき、原則的に**非公開**であること。

解散

Dissolution

- □ 任期の途中で衆議院議員の地位を失わせる
- □ 内閣不信任案の可決
- □ 総選挙が行われる

　内閣が任期の途中で**衆議院議員**の地位を失わせ、総選挙を実施すること。**解散**には、衆議院で**内閣不信任案**が可決されるかまたは信任案が否決された場合と、衆議院の意思にかかわらず、内閣総理大臣が政治的なカードとして用いる場合がある。前者を憲法69条に明記されていることから**69条解散**というが、これまで**内閣不信任案**が可決されたケースは少なく4回しかない。また、後者は憲法7条に基づいて行われるため**7条解散**といい、2017年9月に安倍首相が行った**衆議院解散**もこれにあたる。衆議院が**解散**されると参議院は閉会し、**40**日以内に**総選挙**が行われる。

安倍内閣

Abe's Cabinet

- □ 2019年11月に通算在職期間が史上最長となる
- □ 19年9月に内閣改造を行う
- □ 副総理・財務大臣に麻生太郎元首相を起用

　現在の内閣制度は、1947年の現行憲法および内閣法の施行にともない確立された。国民主権、三権分立、議院内閣制のもと、内閣は行政権の主体に位置づけられる。内閣総理大臣は内閣の長として国務大臣の任免権をもつ。2012年の総選挙後、自民党の**安倍晋三**が首相となり、公明党との連立政権を発足。**安倍**首相は2回目の首相就任であるため、第2次**安倍**内閣となった。以後、現在まで長期政権が続き、19年11月には安倍首相の通算在職日数が憲政史上最長となった。19年9月に内閣改造が行われ、現在は第4次再改造内閣。副総理・財務大臣は**麻生太郎**、官房長官は**菅義偉**が務める。

BASIC 基本 7 内閣府
Cabinet Office

□2001年の省庁再編の際に発足
□経済財政諮問会議の設置
□重要政策に関する会議の設置

2001年1月の省庁再編で発足。内閣総理大臣のリーダーシップと内閣機能の強化を目指したもので、内閣官房の直属機関として他の省庁より上位に置かれる。主な仕事は、内閣官房の補助、内閣の重要政策に関する企画の立案と総合調整。01年には予算編成の基本方針を決める**経済財政諮問会議**が設置され、予算編成の主導権が内閣に移った。その他、**男女共同参画会議**、**中央防災会議**、**総合科学技術会議**など重要政策に関する会議がある。20年1月にはカジノを含む統合型リゾート（IR）の事業者などを管理・監督する**カジノ管理委員会**が発足し、内閣府の外局に設置された。

BASIC 基本 8 内閣不信任決議／問責決議
Vote of No Confidence / Censure Resolution

□可決されると内閣総辞職か衆議院の解散となる
□参議院も代替手段をもつ
□首相や閣僚の政治責任を問う手段として用いられる

衆議院で**内閣不信任決議**が可決されると、憲法に基づいて内閣総辞職か衆議院の解散が行われる。2018年7月には、IR実施法案の成立を阻止するため、野党6党派は安倍内閣に対する**内閣不信任決議案**を提出したが、否決された。**内閣不信任決議案**は衆議院しか提出できないが、参議院では首相や閣僚の政治責任を問う手段として**問責決議**が用いられる。**問責決議**に法的な拘束力はないが、政治的な意味は大きい。民主党前政権時には6閣僚に対して**問責決議**が可決され、そのたびに内閣改造が行われた。12年8月には野田首相（当時）に対する**問責決議**が可決、首相は衆議院解散に追い込まれた。

DATA 内閣府の外局には、金融庁、国家公安委員会、公正取引委員会、消費者庁、個人情報保護委員会、**カジノ管理委員会**がある。

TOPICS

政党・選挙

赤シートで答えを隠してトライ！

☐ Q1　現在の衆議院の選挙制度
有権者が1人2票をもち、1996年の衆議院議員の選挙から始められた選挙制度のことを（**小選挙区比例代表並立**）制という。

☐ Q2　比例代表区の選挙制度
各政党の得票を1、2、3と整数で割って、その商の大きい党から順に議席を配分する（**ドント制**）が採用されている。

☐ Q3　2019年参議院選挙
2019年7月の参議院選挙では自民・公明の与党が勝利。しかし自民党は単独過半数を確保できず、改憲勢力も（**3分の2**）の議席数を維持できなかった。

☐ Q4　参議院選挙制度改革
参議院の定数が6増加したことから、2019年7月の参議院選挙では埼玉選挙区で1、比例区で2の定数増が行われた。また、各党の判断であらかじめ当選順位を決められる（**特定枠**）も導入された。

2 政治 ●政党・選挙●

近年の主な政党の系譜

（年）

縦軸の政党：共産党　社民党　公明党　自由党　民主党　自民党

年	出来事
1999	自自公連立
2000	自由党連立離脱
03	民由合併
05	郵政解散
09	政権交代　民社国連立
10	社民党連立離脱
12	
13	自公連立
14	
15	
16	
17	
18	
19	
20	

系譜中の政党名：
保守党／保守新党／改革クラブ／国民新党／新党改革／みんなの党／たちあがれ日本／太陽の党／新党きづな／国民の生活が第一／減税日本／反TPP／みどりの風／日本維新の会／脱原発／日本未来の党／生活の党／結いの党／山本太郎となかまたち／生活の党と山本太郎となかまたち／次世代の党／維新の党／日本のこころを大切にする党／おおさか維新の会／改革結集の会／日本維新の会／自由党／民進党／日本のこころ／希望の党／立憲民主党／国民民主党／解党／れいわ新選組

下段の政党：共産党　社民党　公明党　れいわ新選組　立憲民主党　国民民主党　日本維新の会　自民党

DATA 2019年4月に自由党は国民民主党に合併吸収された。自由党共同代表だった山本太郎は離党して **れいわ新選組** を立ち上げた。

BASIC 9 １票の格差

- □当選に必要な有権者数の差を示す
- □倍率が小さいほど、格差が少なくなる
- □2017年の衆院選でようやく２を下回る

選挙で当選に必要な票数に差が生まれること。有権者数が最少の選挙区をもとにして、最大の選挙区とどれくらいの差があるかを表す。選挙の公平性を維持するためには、格差を小さくする必要がある。2012年の衆院選は**１票の格差**が2.43倍となり、最高裁判所はこれを「**違憲状態**」とした。14年の衆院選では議席数を５つ削減し、格差は2.13倍に縮小。最高裁はこれについても「**違憲状態**」と判断、さらなる是正を求めた。17年の衆院選では議席がさらに10削減され、選挙区の区割りも調整。格差は1.98倍まで下がり、初めて２倍を下回った。18年12月、最高裁はこれを「合憲」と判定した。

NEW 10 衆議院選挙制度改革

- □１票の格差是正のため改革が求められる
- □「アダムズ方式」が提案されるも先送りに
- □議員定数が10削減される

１票の格差是正のため、衆議院は有識者による調査会を設置。調査会は2016年１月に答申を提出し、議席の配分について、47都道府県にまず１議席ずつ割り振り、残りの議席を人口比によって分配する「１人別枠方式」を廃し、人口に比例して各都道府県に配分する「**アダムズ方式**」を採用することなどを提案。しかし安倍首相は、「**アダムズ方式**」を含む抜本的改革の先送りを発表。16年５月に**衆議院選挙制度改革関連法**が成立。議員定数は10削減（小選挙区６、比例区４）され、格差を２倍未満にするため選挙区割りの調整も行われた。「**アダムズ方式**」の導入は22年以降の見通し。

BASIC 基本 11 小選挙区比例代表並立制

- 衆議院議員選挙制度
- 小選挙区と比例代表区で別々に選挙
- 政党名で投票、候補者名簿順に当選

　有権者が1人2票をもち、総定数465人のうち289人を**小選挙区**で、残り176人を**比例代表区**で別々に選挙する衆議院議員選挙制度。1996年の総選挙から導入された。**小選挙区**では、有権者は候補者の名前を書いて投票し、1位の候補者のみが当選する。全国を**11**ブロックに分けた**比例代表区**では、政党名を書いて投票。各政党の得票を1、2、3と整数で割って、その商の大きい党から順に議席を配分する**ドント制**が採用されており、各党が提出した候補者名簿の順位で当選者を決定する。候補者の名簿順位が同じ場合は小選挙区の惜敗率で順位を決める。

BASIC 基本 12 非拘束名簿式

- 参議院選での比例区投票
- 政党名でも候補者名でも投票可能
- 候補者名の得票が多いものから当選

　2001年の参議院選で比例区の投票が**非拘束名簿式**に変わった。比例区はそれまで、政党が候補者の順位を決める拘束名簿式で、投票は政党名で行われた。**非拘束名簿式**では候補者に順位がなく、投票は政党名でも候補者名でもよい。両者の得票数で、政党ごとの議席配分が決まり個人名の得票が多いものから当選となる。タレント議員が知名度で集めた票や組織票が、不人気な議員の当選を手助けするなどの問題も指摘されている。ただ、過去6回の参院選では有権者の多数が政党名で投票している。19年の参院選からは、各党の判断であらかじめ当選順位を決められる「**特定枠**」が導入された。

DATA　アダムズ方式は都道府県の人口を「ある数」で割り、小数点以下を切り上げた整数を議席数として配分。議席数の合計が定数と等しくなるよう「ある数」を調整。

13 参議院選挙制度改革

- 2015年7月、参議院の選挙制度改革を目的とした改正公職選挙法が成立。**1票の格差**是正のため定数を「10増10減」。さらに鳥取と島根、徳島と高知を合区とし、それぞれ定数が2減らされた。
- 18年7月成立の改正**公職選挙法**では参議院の定数が6増。埼玉選挙区で2、比例で4の増加（19年の参院選から適用）。また、比例区に当選順位を決められる「**特定枠**」が設けられた。これは合区となった選挙区から出馬できない候補者の救済策ともなる。

14 立憲民主党
The Constitutional Democratic Party of Japan

- 2017年9月、民進党は希望の党への合流を決めたが、翌月、それに加わらない議員が**立憲民主党**を結成。**枝野幸男**が初代代表に就いた。衆議院の民進党は、希望の党、**立憲民主党**、無所属に分裂。
- 17年の衆院選では55議席を獲得し、野党第1党となる。19年7月の参院選でも議席数を伸ばした。国会では安倍政権との対決姿勢を強める。主張は立憲主義の回復や原発ゼロなどリベラル色が強い。19年12月には国民民主党や社民党に合流を呼びかけた。

15 れいわ新選組
Reiwa Shinsengumi

- 2019年4月に**山本太郎**自由党共同代表（当時）が自由党を離党して設立した新党。代表は**山本太郎**。
- 19年7月の参議院選挙では、比例代表の特定枠に重度身体障害者の舩後靖彦氏と木村英子氏を充て、2氏は当選。**山本太郎**代表は比例区で立候補したが落選した。
- 主張は消費税廃止、原発禁止、最低賃金1500円など。立憲民主党などによる野党共闘には参加していない。

BASIC 基本 16 国民投票法
National Referendum Law

- 憲法改正の手続きである**国民投票**について定めた法律で、2007年5月に成立、10年5月に施行された。憲法改正の承認には、有効投票数の2分の1を超える賛成が必要。
- 14年6月には改正**国民投票法**が成立・施行され、投票年齢が「20歳以上」から「**18**歳以上」に引き下げられた。
- 改憲の賛否を呼びかけるCM規制や、投票環境の改善など、さらなる法改正が課題として残るが、審議は進んでいない。

NEW 最新 17 選挙権年齢
Legal Voting Age

- 2015年6月、改正公職選挙法が成立し、選挙で投票できる年齢が「**20**歳以上」から「**18**歳以上」に引き下げられた。選挙権の拡大は70年ぶりで、有権者は約240万人増加。
- 国政では16年7月の参院選から「**18**歳選挙権」が開始された。
- 政府は選挙に立候補できる被選挙権の引き下げも検討。
- 18年6月、民法と関連法が改正され、成人年齢も現行の20歳から18歳に引き下げることが決定。施行は22年4月。

NEW 最新 18 2019年参議院選挙
House of Councilors Election

- 2019年夏に**参議院**選挙が行われた。与党の自民党・公明党は合わせて71議席を獲得し、過半数を得て勝利したが、自民党は議席を9減らし、単独過半数を割り込んだ。
- 自民党、公明党に日本維新の会を加えた「改憲勢力」は憲法改正の発議に必要な**3分の2**の議席数に届かなかった。
- 立憲民主、国民民主、共産、社民の野党4党は、32ある1人区で候補者の一本化を図る野党共闘を行い、10議席を獲得した。

DATA 2019年9月、**立憲民主党**、**国民民主党**、社民党、無所属の議員らによって衆参両院で統一会派が結成された。

TOPICS

行政改革

赤シートで答えを隠してトライ！

☐Q1　原子力規制委員会
2012年9月に（**環境省**）の外局として新設。原子力の安全規制を行う機関で、原発再稼働の判断や活断層調査などを行う。13年7月に新しい規制基準が施行され、再稼働に向けた安全審査も始まった。

☐Q2　原発再稼働
2015年8月の鹿児島県の（**川内**）原発1号機を皮切りに次々と再稼働が続く。20年3月までに5原発9基が再稼働している。一方、福島第一原発事故後に、福島第一原発以外で8原発15基の廃炉が決定している。

☐Q3　公文書管理問題
安倍政権では森友学園問題や加計学園問題で公文書管理問題が発覚。それを受け、公文書管理のガイドラインが改定されたが、2019年にも（**桜を見る会**）問題で、公文書の破棄が判明した。

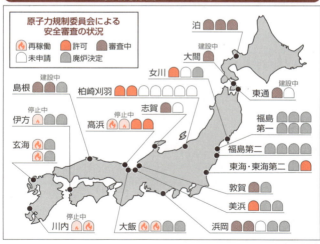

原発再稼働をめぐる動き

＊2020年3月現在

19 政治分野における男女共同参画

- □女性議員の割合で、日本は先進国最低レベル
- □政府は女性議員の割合を3割にする目標を掲げる
- □男女数を均等にするための法律が成立

　世界各国の議員でつくる列国議会同盟（IPU）によると、日本の衆議院の女性議員比率は9.9％にとどまっており、193カ国中**165位**（20年3月時点）。先進国の中では最低レベルとなっている。政府は20年までに女性議員の比率を3割にする目標を掲げており、18年5月には「**政治分野における男女共同参画推進法**」が成立した。この推進法では、男女の候補者数が均等になることを政党に促している（強制力はない）。同法施行後初となった19年7月の参院選では28人の女性が当選したが、当選者に占める割合は**22.6**％で、前回（23.1％）よりも低くなっている。

20 原発再稼働
Restart of Nuclear Power Plants

- □安倍政権は再稼働を推進
- □川内原発が2015年に再稼働
- □原発運転40年の原則は骨抜き

　2011年3月の福島第一原発事故後、原発のあり方を抜本的に見直す気運が高まったが、安倍政権は経済政策に原発を活用するとして、再稼働推進の方針を表明。14年9月、鹿児島県の**川内**（せんだい）原発1、2号機が初めて原子力規制委員会の新規制基準に合格し、15年に再稼働した。20年3月までに9原発16基が安全基準に合格、9基が再稼働している。このうち16年6月に合格した**高浜**原発1、2号機と、同年8月に合格した**美浜**原発3号機、18年9月に合格した**東海**第二原発は運転延長の認可を受けた老朽原発。原発事故後、原発の運転期間は原則40年と定められたが、骨抜きにされている。

DATA 2019年2月に玄海原発2号機、同年7月には**福島第二**原発全4基の廃炉が決定。原発事故後に廃炉が決定したのは8原発15基（福島第一原発を除く）。

BASIC 基本 21 原子力規制委員会
Nuclear Regulation Authority

- 原子力の安全規制を行う組織。福島第一原発事故を受け、**環境省**の外局として2012年9月に新設された。独立性を高め、原発再稼働の判断や、活断層の調査などを行う。
- 13年7月には原発の新規制基準を施行し、過酷事故対策や地震・津波対策を義務づけた。19年4月には、設置が義務づけられている**テロ対策施設**の設置期限について延長を認めないことを発表。20年3月に川内原発1号機が**テロ対策施設**未完成のため停止。

BASIC 基本 22 復興庁
Reconstruction Agency

- 東日本大震災の被災地復興に向け、復興政策を一元的に担う行政組織。**復興特区**の認定や、復興交付金の交付を行う。**復興特区**は被災地すべてに認められ、税制優遇や規制緩和の措置がとられる。
- 設置法に基づいて2012年2月に発足。各省庁よりも上位に位置し、被災地の要請に「ワンストップ」で対応することを目指す。
- **復興庁**は21年3月に廃止される予定であったが、復興事業継続のため、30年度まで延長して存続させることを閣議決定した。

NEW 最新 23 公文書管理問題

- 安倍政権では森友学園問題や加計学園問題、**桜を見る会**問題などで、政府に都合が悪い公文書の隠蔽や廃棄、改竄が発覚。
- 政府は森友・加計問題を受け、2017年に公文書管理のガイドラインを改定。公文書について原則1年の保存期間を設定したが、例外として1年未満の廃棄も認めた。**桜を見る会**問題では、例外としての保存期間1年未満が恣意的に利用され、公文書が廃棄された疑いがある。野党は**公文書管理法**などの改正を求めている。

TOPICS

地方自治

赤シートで答えを隠してトライ！

☐Q1　東京都知事の政策
東京都の（**小池百合子**）都知事は就任後、東京五輪の経費削減や築地市場の豊洲移転などを行った。2020年7月に予定される都知事選にも再出馬すると見られている。

☐Q2　地域政党
地域の首長を擁する地域政党には、大阪の（**大阪維新の会**）、愛知の減税日本などがある。2017年1月には小池都知事を中心とした（**都民ファーストの会**）が誕生した。

☐Q3　大阪都構想
2019年4月の大阪ダブル選で、大阪都構想実現を公約とした（**吉村洋文**）大阪府知事と（**松井一郎**）大阪市長が誕生。20年11月に、大阪都構想の是非を問う住民投票が大阪市で行われる予定。

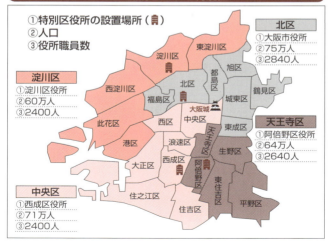

大阪都構想による特別区

DATA　**大阪維新の会**が提示している大阪都構想案では、大阪市は4つの特別区（中央区、天王寺区、北区、淀川区）に再編される。

小池百合子東京都知事

- □2016年の東京都知事選で当選
- □東京五輪の経費削減などを行う
- □20年7月の都知事選への立候補も確実視される

　2016年の東京都知事選では、「東京大改革」を訴えた**小池百合子**氏が当選。翌17年の都議選でも**小池**都知事が率いる「**都民ファーストの会**」が大勝した。就任後は東京五輪・パラリンピックの経費削減や築地市場の豊洲移転延期、国に先駆けた受動喫煙防止条例の制定、公費支出の情報公開などを行い、一定の成果を出してきた。築地市場の跡地問題では、東京五輪後に国際展示場・会議場、高級ホテルなどを整備するとした再開発計画を発表している。20年7月には東京都知事選が行われる予定。**小池**都知事は明言を避けているが、再戦を目指して立候補することは確実と見られている。

大阪都構想

- □大阪市を解体し、特別区に再編する
- □2015年の住民投票で否決
- □20年11月に住民投票が行われる

　地方政党「大阪維新の会」が提唱する大阪再編構想。大阪府と大阪市の二重行政を改めるため、大阪市の現24行政区を解体し、東京23区のような特別区に再編するもの。2015年に大阪市で**大阪都構想**の是非を問う住民投票が行われたが、僅差で否決。維新の会は住民投票の再挑戦を目指し、19年4月の大阪府知事・市長選で民意を問うとした。結果、維新の会の**吉村洋文**府知事、**松井一郎**市長が誕生。20年11月に**大阪都構想**の是非を問う住民投票が行われる見通しで、大阪市内の18歳以上が対象となる。賛成多数となれば、25年にも大阪市は廃され、特別区へと移行する。

62

地域政党
Local Political Party

- 2011年の統一地方選では、地域の首長が代表となった**地域政党**が躍進し、注目を集めた。代表的な**地域政党**には、橋下徹元大阪市長が設立し、松井一郎大阪市長が代表の「**大阪維新の会**」、河村たかし名古屋市長が代表の「減税日本」などがある。
- 2017年1月、**小池百合子**東京都知事を中心とした「**都民ファーストの会**」が誕生。同年7月の都議会選挙で第1党に。**小池**都知事は同年6月から1カ月代表を務めた。現在の代表は荒木千陽(ちはる)氏。

築地市場跡地の再開発計画

- 2019年3月、東京都は18年10月に閉場した**築地市場**の跡地の活用に関して「**築地まちづくり方針**」を決定。敷地を4つに分け、①「おもてなしゾーン」に国際会議場、高級ホテル、②「交流促進ゾーン」に集客・交流施設、③「ゲートゾーン」に交通ターミナル、④「水辺の顔づくりゾーン」に船着き場などの整備を進める。
- 20年には民間の開発業者の募集を開始。周辺の交通インフラの整備を含む巨大プロジェクトの完成は40年代を見込んでいる。

統一地方選挙
Nationwide Local Elections

- 4年に1度、3月1日から5月31日の間に任期満了となる地方自治体の首長・議員を、全国で同時に選挙する制度。
- 戦後の地方自治制度発足とともに始まったが、任期途中の首長交代や議会の解散で、**統一選**から外れる自治体は年々増加しており、実施される選挙の割合を示す統一率も3割を切っている。
- 2019年4月の第19回**統一地方選挙**では、11道府県知事選、6政令市長選など980の選挙が全国で行われた。

DATA 閉場した**築地**市場の跡地は大型駐車場となる予定で、東京五輪・パラリンピックの輸送拠点として活用されたのち、再開発される。

TOPICS

外交

赤シートで答えを隠してトライ！

☐Q1 尖閣諸島問題
尖閣諸島は八重山諸島の北に位置する島嶼群。日本が実効支配しているが、（中国、台湾）も領有権を主張している。

☐Q2 竹島をめぐる領有権の問題
竹島は隠岐諸島の北西に位置する2小島と岩礁群で、日韓両国が領有権を主張。1954年から（韓国）が実効支配している。

☐Q3 新しい武器輸出ルール
安倍内閣は武器輸出を原則として禁じた武器輸出三原則に代わり、条件付きで輸出を認める（防衛装備移転三原則）を閣議決定した。

☐Q4 韓国との新たな外交問題
2018年10月、韓国の大法院は、（元徴用工）らの訴えを認め、日本企業に対して賠償を命じた。日本政府は（元徴用工）への賠償問題は1965年の（日韓請求権協定）で解決済みと主張。

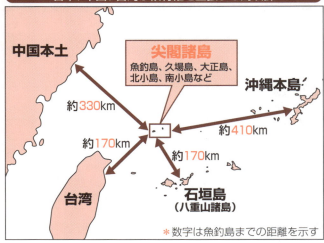

日本、中国、台湾が領有権を主張する島嶼群

＊数字は魚釣島までの距離を示す

尖閣諸島問題
Senkaku Islands Dispute

速効 KEY POINT
- □ 日本が実効支配している島嶼群
- □ 中国と台湾も領有を主張
- □ 日本政府は2012年に国有化

尖閣諸島は八重山諸島の北に位置する島嶼群。第二次大戦後、アメリカの施政権下に入り、1972年に沖縄とともに返還。現在は日本が実効支配している。69年に周辺に資源が埋蔵されている可能性が報告され、71年から中国と台湾も領有権を主張。以後、中国や台湾は船舶による領海侵犯などの示威行動をとっている。2012年9月に日本政府は**尖閣諸島**のうち3島を地権者から買い上げる「**国有化**」を実施。これに中国は反発し、各地で反日デモが発生した。その後、**尖閣諸島**沖の領海・領空侵犯が激増。13年11月には中国が**尖閣諸島**を含む東シナ海に防空識別圏を一方的に設定した。

竹島問題
Liancourt Rocks Dispute

速効 KEY POINT
- □ 1905年に日本が島根県に編入
- □ 1954年以降、韓国が実効支配している
- □ 日本は国際法による解決を提案

竹島は隠岐諸島の北西に位置する2小島と数十の岩礁群。日韓両国が領有権を主張している。韓国名は独島(トクト)。日本は1905年に**竹島**を島根県に編入。しかし1952年以降、韓国は日本海に李承晩(イスンマン)ラインと呼ばれる境界線を引き、**竹島**を実効支配している。2005年、島根県が条例で「**竹島の日**」を制定。12年8月には韓国の李明博(イミョンバク)大統領(当時)が**竹島**に上陸し、日韓関係が悪化した。日本は国際法による解決を求め、**国際司法裁判所**への共同提訴を韓国に提案したが、韓国は拒否している。韓国は年2回、**竹島**などの防衛を目的とした軍事訓練を行っており、日本政府は抗議を続けている。

DATA 領海の基線からその外側200カイリ(約370km)までを**排他的経済水域(EEZ)**と言い、沿岸国は経済的活動についての主権的権利や管轄権をもつ。

BASIC 基本 31 北方領土問題
The Northern Territories Issue

- □ 択捉島、国後島、色丹島、歯舞群島
- □ 第二次大戦後、ソ連（現在はロシア）が実効支配
- □ 4島返還から2島返還へ路線転換

北方領土は択捉島、国後島、色丹島、歯舞群島の4島。第二次大戦後、ソ連軍に占領され、現在もロシアによる実効支配が続いている。日本は1875年の**樺太千島交換条約**などを根拠に4島の返還を主張。しかし、問題の早期解決を目指す安倍首相は、2018年11月の日露首脳会談で、1956年の**日ソ共同宣言**を基礎に平和条約の交渉を加速させることで合意。**日ソ共同宣言**では平和条約締結後、歯舞・色丹2島を引き渡すとされており、事実上4島返還から2島返還への路線転換となった。19年にも首脳会談や外相会談が繰り返し行われたが具体的な進展はなく、交渉は長期化するものと見られる。

BASIC 基本 32 北朝鮮拉致問題

- □ 北朝鮮が拉致を認める
- □ 北朝鮮による拉致被害者らの再調査は中止
- □ 米朝首脳会談で議題となるも進展はなし

北朝鮮による**日本人拉致問題**は、2002年の日朝首脳会談で金 正日総書記（当時）が拉致を認め、謝罪。拉致被害者5人が日本に帰国した。しかし、日本は拉致被害者の調査が不十分として、再調査を北朝鮮に要求。14年5月、両国の協議が行われ、北朝鮮は拉致被害者や拉致の疑いがある**特定失踪者**の再調査を約束した（ストックホルム合意）。16年2月に日本政府は北朝鮮の核実験や弾道ミサイル発射に対して独自制裁を強化したが、北朝鮮はその対抗措置として再調査の中止を発表。18年6月と19年2月の米朝首脳会談でも**拉致問題**が議題として取り上げられたが、具体的な進展はない。

防衛装備移転三原則

- □武器輸出三原則に代わる輸出ルール
- □条件を満たせば武器の輸出が可能となる
- □他国との共同開発などを進める方針

　2014年4月、安倍内閣は武器輸出三原則に代わる**防衛装備移転三原則**を閣議決定。従来の武器輸出三原則は原則として外国への武器輸出を禁じるものだったが、**防衛装備移転三原則**では①国際的な平和及び安全を妨げる場合は輸出しない、②輸出には厳格な審査を行う、③目的外使用などは適正管理が確保される場合に限定、という条件を満たせば、武器や軍事技術の輸出が可能となった。政府は他国と武器や装備品の共同開発を進める方針。20年3月、三菱電機がフィリピンから防空レーダーシステムの整備事業を落札。防衛装備の完成品輸出は「三原則」策定後、初めてとなる。

従軍慰安婦問題
Comfort Women Issue

- □戦時中の慰安婦をめぐる歴史認識問題
- □河野談話で旧日本軍の関与を認める
- □2015年に日韓が問題解決の最終合意

　戦時中に朝鮮半島などで働いた元**慰安婦**が賠償などを日本政府に求めた問題。日本は1965年の日韓請求権協定で問題は解決済みとの立場をとるが、歴史認識をめぐり外交問題となった。93年の河野談話では旧日本軍の関与を認め、95年に「女性のためのアジア平和国民基金」が設立された。2015年12月、日韓両国は**慰安婦**問題の「最終かつ不可逆的」な解決で合意。合意内容は、韓国が設立する支援財団に日本が10億円を支出するというもの。17年に誕生した**文在寅**政権は、前政権の政策見直しを進めており、19年6月に支援財団を解散した。日本は抗議し、合意の履行を求めている。

DATA　ロシアは日本に対し「前提条件なしの平和条約締結」を主張。2019年8月には**メドベージェフ**露首相（当時）が択捉島を訪問し、日本は抗議した。

35 元徴用工訴訟問題

- **元徴用工**とは日本統治時に朝鮮半島や中国から労働力として日本に連行された人。賃金が支払われず過酷な労働を強いられたとして日本企業に対し多くの**元徴用工**や遺族らが訴訟を起こしている。
- 2018年10月、韓国の最高裁判所にあたる大法院は、**元徴用工**らの訴えを認め、日本企業に対し賠償を命じた。
- 日本政府は**元徴用工**への賠償問題は1965年の**日韓請求権協定**で解決済みと主張。国際司法裁判所などへの付託を検討している。

36 日韓関係の悪化

- 2018年10月、韓国大法院が日本企業に対し**元徴用工**への損害賠償を命じ、日本政府は反発。19年7月、日本政府は韓国に対し、半導体材料の輸出規制を実施。8月には輸出手続きが優遇される「ホワイト国」から韓国を除外した。同月、韓国は**軍事情報包括保護協定（GSOMIA）**の破棄を日本に通知した（のちに撤回）。
- 日韓関係は「戦後最悪」といわれるほど悪化したが、19年12月に輸出規制の一部が緩和。首脳会談も1年3カ月ぶりに開かれた。

37 海自中東派遣

- 2019年7月、トランプ米大統領は**ホルムズ海峡**の安全確保のため、軍事的な有志連合の結成を呼びかけた。中東の**ホルムズ海峡**は石油の搬出路にあたり、タンカーの襲撃事件が相次いでいた。
- 日本政府はアメリカと、**ホルムズ海峡**に面する**イラン**の両国に配慮し、有志連合には参加せず、海上自衛隊を独自派遣することを決定。根拠も「調査・研究」とし、船舶の護衛は目的としない。
- 19年12月に派遣が閣議決定され、20年2月に実施された。

TOPICS

防衛

赤シートで答えを隠してトライ！

☐Q1　普天間飛行場の移設問題
沖縄県宜野湾市の米軍施設、普天間飛行場は名護市（**辺野古**）沖への移設で日米が合意。2019年2月の県民投票では、（**辺野古**）への移設に対し、反対が7割を超えたが、政府は（**辺野古**）沖の埋め立て工事を継続。

☐Q2　共同で防衛する権利
自国と密接な関係にある国が第三国から攻撃された場合、これを共同で防衛できるとした権利を（**集団的自衛権**）という。2014年7月に安倍内閣は（**集団的自衛権**）の行使を容認する閣議決定を行った。

☐Q3　自衛隊の活動拡大
2016年3月に施行された安全保障関連法により、自衛隊による他国軍の（**後方支援**）は世界のどこでも常時可能となった。また、PKO活動では自衛隊による（**駆けつけ警護**）が認められた。

普天間飛行場の移設先

DATA　**普天間飛行場**は沖縄県宜野湾市にあり、面積は市面積の4分の1に当たる約480ha。市街地に隣接し、騒音問題や墜落などの危険性が問題視されてきた。

普天間飛行場の移設問題

- □ 2006年に辺野古への移設で合意
- □ 18年の県知事選で移設反対派の玉城氏が勝利
- □ 県民投票では7割以上が移設に反対

普天間飛行場は沖縄県宜野湾市の米軍施設。1996年に全面返還が合意された。2006年には同県名護市、**辺野古**沖を埋め立てて移設することが決定。14年の知事選では翁長雄志氏が県内移設反対を掲げて勝利し、政府と対立。18年9月の県知事選でも移設反対を訴えた玉城デニー氏が勝利したが、同年12月、政府は埋め立て予定海域への土砂投入を強行。19年2月に行われた県民投票では**辺野古**移転反対が7割を超えたが、安倍首相は移設の推進を表明。また、**辺野古**沖の海底に軟弱地盤が存在することが判明したため、政府は工事の設計変更を申請する予定だが、沖縄県は承認しない方針。

弾道ミサイル防衛システム
Ballistic Missile Defense System

- □ 敵国からの弾道ミサイルを迎撃するシステム
- □ イージス艦とPAC3の2段構え
- □ 政府はイージス・アショアの導入も決定

敵国から発射された弾道ミサイルを迎撃するシステム。現在、日本の**弾道ミサイル防衛（BMD）システム**は、海上配備のイージス艦が搭載する迎撃ミサイル「SM3」と、陸上配備の迎撃ミサイル「PAC3」との2段構えになっている。2017年に政府はアメリカの陸上配備型迎撃ミサイルシステム「**イージス・アショア**」の導入を決定。**イージス・アショア**は陸上でイージス艦の役割を代替し、2カ所の配備で日本全土をカバーできる。配備予定地は秋田県と山口県だが、防衛省の資料の誤りや説明ミスが発覚し、秋田では地元住民が反発。23年に予定された配備は、ずれ込む見通し。

集団的自衛権

Right of Collective Self-Defense

- □ 同盟国が攻撃された場合、共同で防衛する権利
- □ 安倍内閣は行使を容認する閣議決定を行った
- □「存立危機事態」において行使が認められる

自国と密接な関係にある国が第三国から攻撃された場合、これを共同で防衛できるとした権利。**国連憲章51条**に定められている。日本政府はこれまで憲法第9条の解釈から、日本は**集団的自衛権**を保持しているがこれを行使できない、という見解をとってきた。しかし2014年7月、安倍内閣は閣議決定により憲法解釈を変更し、**集団的自衛権**の行使を容認した。閣議決定では、武力行使のための新3要件を定め、「**存立危機事態**」とされる「我が国の存立が脅かされ、国民の生命、自由及び幸福追求の権利が根底から覆される明白な危険がある」場合には**集団的自衛権**の行使が認められるとした。

安全保障関連法

- □ 集団的自衛権行使のための法整備
- □ 後方支援は世界中で常時可能に
- □「駆けつけ警護」も可能となった

集団的自衛権の行使を容認した閣議決定を受け、2015年5月に**安全保障関連法案**が国会に提出され、同年9月に強行採決によって成立した。**安全保障関連法**は新法の「国際平和支援法」と現行10法を改正する一括法である「平和安全法制整備法」の2法。「国際平和支援法」では、これまで特措法で対応してきた他国への自衛隊派遣を恒久法として定めたもの。これにより他国軍への後方支援が常時可能となる。「平和安全法制整備法」では後方支援の地理的制限が撤廃され、**集団的自衛権**の限定行使、PKOでの「**駆けつけ警護**」、武器・弾薬の輸送、米艦の防護などが可能とされた。16年3月施行。

DATA「駆けつけ警護」とは、駐留地から離れた場所にいる民間人や他国軍が武装集団などに襲われた場合、武器をもって支援に赴く任務のこと。

42 軍事情報包括保護協定（GSOMIA）
General Security of Military Information Agreement

- 国や機関同士で安全保障に関する情報を共有・保護するための協定。情報取扱者の限定や目的外使用の禁止なども定める。**GSOMIA**の読みは「**ジーソミア**」。日本はアメリカや韓国、NATO、インドなどと**GSOMIA**を締結している。
- 2019年8月、日本の輸出規制への対抗措置として、韓国は**GSOMIA**の破棄を通知。日米韓の連携を重視するアメリカが仲介に入り、失効の寸前で破棄は撤回された。

43 国家安全保障会議
National Security Council

- 2013年12月、**国家安全保障会議**が首相官邸に設置された。アメリカの**国家安全保障会議（NSC）**をなぞったもので、日本版**NSC**とも呼ばれる。これにより、安全保障・外交に関わる戦略は官邸主導で行われ、早急な意思決定や政策判断が可能となる。
- 情報を収集・分析する**国家安全保障局**も内閣官房に設置された。**国家安全保障局**が提案した政策は、**国家安全保障会議**に送られ、首相、官房長官、外相、防衛相による4者会合で決定される。

44 日米地位協定
Japan-U.S. Status of Force Agreement

- 在日米軍の日本国内での権利などを定めた協定。1960年発効。米軍人や軍属が起こした事件は、**アメリカ**側に裁判権があると規定されており、起訴までは**日本**への身柄引き渡しが行われない。
- 95年に運用の改善が行われたが、これまで協定自体の改定はない。2016年4月には、沖縄県うるま市で米軍属による女性殺害・死体遺棄事件が発生。事件を受け日米両政府は、軍属の適用範囲を明確化する運用改善を行うことで合意した。

アイヌ新法

- □「先住民族」として明記
- □儀式や文化伝承のために規制を緩和
- □「先住権」や、生活支援は明記されず

　正式名称は「アイヌの人々の誇りが尊重される社会を実現するための施策の推進に関する法律」。2019年5月に施行。同法は1997年のアイヌ文化振興法に代わるもので、アイヌを「先住民族」と法律として初めて明記。アイヌを理由とした差別を禁止し、アイヌ施策を国や自治体の責務とした。また、地域や産業、観光振興などに新たな交付金を創設することや、儀式や文化伝承を目的とした国有林野の利用、サケの捕獲などについての規制を緩和することも盛り込まれた。一方で、国連の「先住民族の権利に関する宣言」に含まれる「先住権」や、生活支援については明記されていない。

桜を見る会問題

- □首相による会の「私物化」が指摘される
- □参加者名簿の破棄、前夜祭の収支も問題に
- □2020年度の会は中止が決定

　「桜を見る会」は毎年4月、首相によって東京の新宿御苑で開かれ、皇族や外国大使のほか、各界の功労者が招かれている。安倍政権では後援会関係者や支援者などが招かれ、参加者が増加。そのため予算が膨らみ、首相による会の「私物化」が指摘されている。野党は招待者名簿の提出を求めたが、政府は名簿は破棄したと説明。安倍首相は批判を受け、2020年度の「桜を見る会」中止を決定した。また、約800人が参加した会の前夜祭についても、首相後援会の政治資金収支報告書に記載がないことが判明。野党は政治資金規正法や公職選挙法違反の疑いがあるとして、追及を続けている。

DATA　安倍政権の様々な不祥事で、官僚による「忖度」が疑われる背景として、官邸が内閣人事局を通じて官僚人事を支配するという構造の問題が指摘されている。

憲法改正論

- □自民党は「改憲4項目」を発表
- □議論はほとんど進んでいない
- □2019年参院選で「改憲勢力」が3分の2を割る

　安倍首相は**憲法改正**に意欲的で、早期の新憲法施行を目指す。自民党は18年3月に、①9条への自衛隊明記、②**緊急事態条項**の設立、③参院選の合区解消、④無償化を含んだ教育の充実、という「改憲4項目」の条文案をまとめた。特に9条への自衛隊明記では、党内の反対もあるなか、安倍首相の意向が押し通された。しかし、首相主導の改憲案に野党は強く反発し、また与党の公明党も9条の改正には否定的なため、国会での議論はほとんど進んでいない。19年の参院選で「改憲勢力」が3分の2を割ったこともあり、安倍首相在任中の**憲法改正**は厳しくなったと考えられている。

共謀罪
Conspiracy

- □犯罪を計画した時点で逮捕ができる
- □捜査機関の拡大解釈や濫用などが懸念される
- □2017年7月に施行

　共謀罪は犯罪を計画した時点で容疑者を逮捕できる法律。過去に3度法案が出されたが、市民団体が対象とされる可能性や、捜査当局による濫用の恐れがあるとして廃案となった。政府は**共謀罪**の名称を「**テロ等準備罪**」に変えた改正組織犯罪処罰法（**共謀罪**法）を2017年の通常国会に提出。そのうえで、市民が対象になることはないと主張した。野党は法案成立に強く反対したが、17年6月に与党は強行採決で同法を成立させた。「**テロ等準備罪**」では、277種の対象犯罪で、「組織的犯罪集団」が「実行準備行為」を行った場合、その組織全員の処罰を可能とする。17年7月に施行された。

経済

■勉強のポイント
①経済用語を理解し、経済の基礎知識を固める
②日本の財政・経済状況を理解する
③日本の金融政策の課題、問題点をおさえる
④世界経済の動向をおさえる

重要項目

Check1 基本
デフレとはどういう状況のことをいう？
(→P79の3)

Check2 基本
消費税増税はこれまでどのような経緯で議論され、どのような手続きで実施が決まった？(→P80の5)

Check3 最新
現金の代わりに電子マネーなどで決済を行うことは、どんな市場の成長を促す？(→P85の13)

Check4 基本
2014年1月から導入された株式の配当金などを一定期間非課税にする制度を何という？
(→P93の27)

Check5 最新
日米貿易協定でどんな品目の関税がどうなる？
(→P96の29)

TOPICS

日本経済・財政

赤シートで答えを隠してトライ！

☐Q1 日本の財政と国債

国債には建設国債と赤字国債の2種類がある。建設国債は公共事業費など、社会資本の整備に充てられるものだが、赤字国債は人件費などの（経常的経費）に充てられる。

☐Q2 消費支出の推移

総務省が発表した2019年の1世帯（2人以上）あたりの消費支出（実質）は前年比0.9%の（増加）。ただし消費税増税後の10-12月期平均は前年同月比4.7%（減少）となっている。

☐Q3 財政の基礎的収支

国債費関連を除き、歳入から一般歳出を引いたものを（プライマリーバランス）というが、これは財政の基礎的収支を見るときの指標として用いられる。

プライマリーバランスの概念図

歳　入	歳　出
	債務償還費 14兆9316億円
公債金 32兆5562億円	利払い費など 8兆4200億円
	プライマリーバランス の赤字
税収 63兆5130億円	基礎的財政収支 対象経費 79兆3065億円

＊数字は2020年度政府予算の一般会計

76

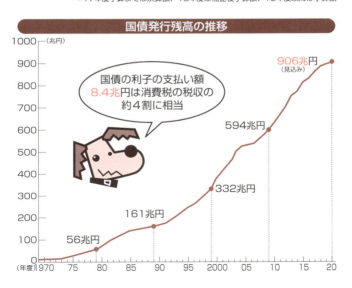

DATA 2020年度の一般会計総額は**102兆6580億**円で8年連続で過去最大更新。社会保障費の総額は前年比5.1%増で過去最大の35兆8608億円に。

BASIC 基本 1 赤字国債
Deficit-Covering Bond

- □経常的経費を賄うための国債
- □特例国債ともいう
- □バブル崩壊後1994年からは毎年発行

　社会保障や防衛費、人件費などの**経常的経費**を賄うための国債。財政法では公共事業費などに充てる**建設国債**は認めているが、それ以外の財源を賄うための公債発行は支出膨張を防ぐために禁止している。だが国の収支のギャップは深刻で、特例法を用い**赤字国債**の発行を可能にした。このため**特例国債**ともいう。**1965**年度補正予算で初めて発行。バブル崩壊後の**94**年からは毎年発行されている。2020年度予算案の新規国債は前年度比1043億円減の**32兆5562億**円。一般会計の歳入全体に占める国債発行の割合＝国債依存度）は、0.5ポイントマイナスの31.7％。

BASIC 基本 2 消費者物価指数
Consumer Price Index

- □総務省が毎月1回発表している経済統計
- □5年に1回基準を改定
- □「コア指数」「コアコア指数」の区分

　CPI（Consumer Price Index）ともいう。物価の推移を把握するため、総務省が毎月1回発表している経済統計。物価の代表的な指数として、景気判断の目安とされる。**5**年に1回基準を改定。年金支給額、賃金、公共料金などを改定する際にも参考となる。総務省が発表する指数は「**総合指数**」と「**生鮮食品を除く総合指数**」などの**CPI**からなる。後者は大きく価格変動しやすい生鮮食品を除いており、「コア指数」と呼ばれる。また食料・エネルギーを除いた指数を「コアコア指数」とも呼ぶ。2019年の全国**CPI**平均（2015年基準・生鮮食品を除く総合）は前年比0.6％増の101.7。

BASIC 基本 3

デフレ

Deflation

速効 KEY POINT
- □物価が継続的に下落する状態
- □2009年11月に政府が認定
- □デフレ脱却に向けた物価上昇率目標

 物価が継続的に下落する状態。供給に対して需要が十分でない場合などに生じる。2009年11月、政府は消費者物価指数の下落を理由に「緩やかな**デフレ**状態」を宣言。政府の**デフレ**認定は06年6月以来3年5カ月ぶり。原因は金融危機による生産設備や労働力の供給過多、消費の伸び悩み。13年1月、政府と日銀は**デフレ**脱却に向けた**2**％の物価上昇率を目標に掲げた。19年平均の消費者物価指数（生鮮食品を除く総合）は前年比**0.6**％増の101.7で、3年連続の上昇。人手不足による人件費や物流費の増加が価格に反映されたほか、電気代・ガス代、宿泊料などが上がった。

NEW 最新 4

景気後退の懸念強まる

速効 KEY POINT
- □景気の基調判断が6カ月連続「悪化」
- □2008〜09年のリーマンショック時以来
- □新型コロナウイルスの感染拡大の影響

 内閣府が毎月発表する**景気動向指数**に基づく景気の基調判断が、景気後退の懸念をうかがわせている。**景気動向指数**は、景気の現状把握・将来予測に役立てるための指標。2019年は1〜2月「下方への局面変化」、3〜4月「悪化」、5〜7月「下げ止まり」、そして8〜12月、20年1月は「悪化」となった。「悪化」が6カ月続くのは08〜09年のリーマンショック時以来。さらに新型コロナウイルスの感染拡大を受け、政府は20年3月、月例経済報告で景気について「足もとで大幅に下押しされており、厳しい状況にある」と判断、6年9か月ぶりに「回復」という表現を削除した。

DATA **消費者物価指数**の基準時（指数を100とする年）は、西暦年数の末尾が0または5の年。2016年に10年から15年への基準改定が行われた。

BASIC 基本 5

消費税増税

Consumption Tax Increase

速効 KEY POINT
- □社会保障費増大による財政破綻の懸念が背景
- □2012年、社会保障・税一体改革関連法が成立
- □14年に8％に。19年に10％に引き上げ

消費税増税には、少子高齢化による社会保障制度の破綻が懸念されてきた背景がある。自公両党は2007年に「**消費税**を含む税体系の抜本的改革」を掲げ、10年に民主党政権が「社会保障と税の一体改革」の推進を決定。12年成立の「社会保障・税一体改革関連法」で2段階の増税が決まった。増税は景気を見て判断するとの「**景気条項**」がついたが、安倍政権は14年4月に8％への増税を実施。だが同年の総選挙を前に、15年10月予定の10％への増税を17年4月に延期。再延期はないと強調したが、16年11月にさらに先送りすることを決め、ようやく19年10月に10％への増税が行われた。

NEW 最新 6

軽減税率

Reduced Tax Rate

速効 KEY POINT
- □特例措置として税率を低く設定する制度
- □消費税率引き上げにともない導入
- □一部食料品と新聞が税率据え置き

軽減税率とは、特例措置として本来の税率より低く設定された税率を指す。日本では消費税増税をめぐってその導入が議論されてきた。消費税は収入の多寡を問わず一律で課されるため、低所得層ほど負担感が大きい。そのためヨーロッパ諸国などの例を参考に、生活必需品の税率を下げる方法が検討されてきた経緯がある。2015年12月、自民党税制調査会は**酒類**と**外食**を除く食料品を対象に導入する方針を了承。16年6月の消費税増税再延期を経て、19年10月からの税率引き上げにともなって実施された。新しい消費税率は10％だが、対象となる食料品と新聞の税率が8％に据え置かれた。

地方交付税
Local Allocation Tax

- 独自財源が少ない都道府県、市町村に対して国が不足分を補塡する財務調整の仕組み。**法人税**、**所得税**、**酒税**、**消費税**、**たばこ税**の国税から一定割合が自治体に配分される。
- 小泉政権の「三位一体の改革」以降、削減が進んだ。
- 2020年度予算の**地方交付税**総額は前年度当初より4073億円多い16兆5882億円。財源不足を補うため自治体に発行を求める**臨時財政対策債（赤字地方債）**は1171億円減の3兆1398億円。

内部留保
Internal Reserves

- 企業の純利益から配当金や租税など社外流出分を除いた部分。企業内に留保された儲けの蓄えにあたり、**社内留保**とも呼ばれる。
- 財務省が2019年9月に発表した18年度の法人企業統計によると、金融・保険業を除く全産業の**内部留保**＝利益剰余金は前年度比3.7％増の**463兆1308億**円。7年連続の過去最高更新。
- **内部留保**の増大は企業の業績回復を示す半面、配当、投資、賃上げに消極的という点で経済の循環が停滞する原因ともなり得る。

プライマリーバランス
Primary Balance

- 基礎的財政収支ともいう。国債費関連を除いた財政の基礎的収支のことで、国の財政の健全性を表す指標として使われる。
- **プライマリーバランス（PB）**の黒字とは、税収とその他の収入で、国債費以外の歳出がカバーできることを指す。
- 政府は2010年のG20で20年度までの**PB**の黒字化を国際公約に掲げたが、18年6月、黒字化の目標を25年度に先送りする方針を発表。だが内閣府の試算では、その達成も困難な状況。

> **DATA** 財務省は2020年2月、国債と借入金、政府短期証券を合計した国の借金が19年12月末時点で過去最大の**1110兆7807億**円となったと発表。

TOPICS

金融

赤シートで答えを隠してトライ！

☐Q1　日銀の金融緩和策
日銀は景気回復・デフレ脱却のため、（**政策金利**）の引き下げや、「量的金融緩和」などの金融緩和策を行っている。

☐Q2　マイナス金利
日本銀行は2016年2月から日銀当座預金の一定部分に年0.1％の手数料を設け、（**金融機関**）に貸出しを促すことで景気の刺激を図っている。

☐Q3　地銀再編
地方銀行は、人口減少と地方の衰退などで経営環境が悪化。（**金融庁**）は地域金融の安定化を図る観点から、再編を後押ししている。

☐Q4　年金積立金管理運用独立行政法人（GPIF）
（**厚生年金・国民年金**）の管理運用を行うGPIFは日本国債を中心に運用してきたが、2014年10月に国内株および外国株の比率を倍増。

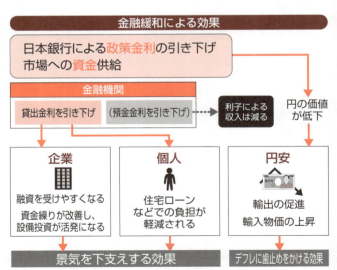

５大銀行グループと各主要グループ会社

三菱UFJフィナンシャル・グループ

銀行	証券	銀行持ち株会社
三菱UFJ銀行	三菱UFJ証券ホールディングス	米州MUFGホールディングスコーポレーション
アユタヤ銀行	三菱UFJモルガン・スタンレー証券	**その他**
三菱UFJ信託銀行	モルガン・スタンレーMUFG証券	三菱UFJニコス
auじぶん銀行	auカブコム証券	アコム
中京銀行		三菱UFJリース

みずほフィナンシャルグループ

銀行	その他
みずほ銀行	アセットマネジメントOne
みずほ信託銀行	米州みずほ
証券	みずほ総合研究所
みずほ証券	みずほ情報総研
	みずほプライベートウェルスマネジメント
	JTCホールディングス

三井住友フィナンシャルグループ

銀行	その他
三井住友銀行	三井住友ファイナンス＆リース
SMBC信託銀行	三井住友カード
証券	セディナ
SMBC日興証券	SMBCコンシューマーファイナンス
	日本総合研究所
	三井住友アセットマネジメント

三井住友トラスト・グループ

業務執行管理型持ち株会社	信託銀行
三井住友トラスト・ホールディングス	三井住友信託銀行

りそなホールディングス

りそな銀行	埼玉りそな銀行
関西みらい銀行	みなと銀行

DATA 三菱UFJフィナンシャル・グループ（FG）、三井住友FG、三井住友トラスト・グループ、みずほFG、**りそなホールディングス**の５つを５大銀行グループと呼ぶ。

BASIC 基本 10 — 日銀（日本銀行）

The Bank of Japan

- □最高意思決定機関は9名で構成される
- □安倍政権とともに2％の物価上昇目標を策定
- □金融政策による景気回復を図る

　日本の中央銀行。**日本銀行券**の発行、政府資金の出納、民間の金融機関への貸し付けなどを行う。最高意思決定機関は**日銀政策委員会**で、総裁、副総裁（2名）、審議委員（6名）の計9名で構成。1997年の**日銀法**改正で政府の監督権が縮小され、**日銀**は独立性を強めて中立的、専門的な立場を確保した。だが、2013年1月に政府との共同声明で2％の物価上昇目標を示した際には、**日銀**の独立性が議論の的に。18年4月に再任された黒田東彦（はるひこ）総裁は「量的・質的金融緩和（異次元緩和）」を推進。14年10月の追加緩和、16年2月の**マイナス金利**など、景気回復を狙った金融政策を続けている。

BASIC 基本 11 — マイナス金利

Negative Interest Rate

- □2016年2月から実施
- □日銀当座預金の一部に年0.1％の手数料を課す
- □銀行に融資を促して景気浮揚を狙う

　日本銀行は2016年2月から景気回復のための金融政策として**マイナス金利**を導入。金融機関が日銀に預ける資金の一定部分を**マイナス金利**の対象とし、年0.1％の手数料をかける仕組みだ。銀行は日銀に預けていると損をするため、資金を融資に回して景気がよくなるとの期待がある。ただし金融機関の多くは利ざやが稼げずに収益が悪化し、手数料の値上げ・有料化も相次いでいる。また、メガバンクがAIなどを駆使して作業量を減らす動きにもつながった。しかし、導入4年を経ても13年に掲げた物価上昇率2％の目標は達成できておらず、副作用への懸念が高まっている。

12 地銀再編
Regional Bank Consolidation

- □ 地銀及び第二地銀合わせて全国に約100行
- □ 都市銀行に比べて再編が進まず、経営環境も悪化
- □ 金融庁が再編を促す

地方銀行（地銀）とは各都道府県に本店を置き、小口取引を主体とする普通銀行を指す。地銀及び第二地銀は全国に約100行があり、**都市銀行**に比べて再編が進んでいない。一方で人口減少と地方の衰退、また**マイナス金利**で経営環境が悪化。地域金融安定化の観点から、金融庁が再編を後押ししている。2018年10月には第四北越フィナンシャルグループ（FG）が再編により発足。19年4月にはふくおかFGと十八銀行が経営統合、近畿大阪銀行と関西アーバン銀行が合併し**関西みらい銀行**が誕生した。19年7月には、地銀最大手の**横浜銀行**と同3位の**千葉銀行**が業務提携で合意している。

13 キャッシュレス化
Cashless

- □ フィンテック市場成長の原動力のひとつ
- □ スマートフォン決済が普及
- □ 消費税増税に際しポイント還元制度を導入

現金の代わりにクレジットカード、ICカードやスマートフォンの電子マネーなどで決済を行うこと。**フィンテック**（Fintech：ITを活用した新しい金融サービス・技術）市場の原動力のひとつ。例えば阿里巴巴集団（アリババグループ）の「アリペイ（支付宝／Alipay）」に代表されるQR決済は、2次元コード（QRコード）をスマートフォンに読み込ませるだけで支払いができ、専用読み取り機が必要なカード類に比べて店舗側の負担も小さい。**キャッシュレス**普及に取り組む政府は2019年10月の消費税増税に際し、**キャッシュレス**決済に最大5%を還元するポイント還元制度を導入。

DATA **キャッシュレス**事業者の乱立が顧客の利便性を損なう懸念について、日銀の黒田東彦総裁は2019年12月、事業者間の協調が不可欠との認識を示した。

BASIC 基本 14 — 3メガバンク

- □三菱UFJFG、三井住友FG、みずほFG
- □日本銀行の金融政策が本業を圧迫
- □業務の効率化、合理化に注力

　2005年にUFJホールディングスと三菱東京フィナンシャル・グループ（FG）が経営統合して**三菱UFJFG**となり、銀行業界は**三菱UFJFG**、**三井住友FG**、**みずほFG**の**3メガバンク**体制へ移行。19年4～9月期決算での連結純利益は、**三菱UFJFG**が前年比6.3%減の6099億円、**三井住友FG**が同8.6%減の4319億円、**みずほFG**が同19.9%減の2876億円。減益はマイナス金利による本業圧迫、フィンテック分野での競争激化などが主な要因。厳しい事業環境下、**3メガバンク**は支店の統廃合や人員削減などに注力。膨大な支店網と人手が前提の既存ビジネスモデルからの脱却を図っている。

BASIC 基本 15 — 3メガ損保

- □大手6社の損害保険業界の再編
- □MS&ADインシュアランスグループHD
- □SOMPOホールディングス

　2010年、三井住友海上グループホールディングス（HD）とあいおい損害保険、ニッセイ同和損害保険が経営統合し、**MS&ADインシュアランスグループHD**を新設。また損害保険ジャパンと日本興亜損害保険もNKSJホールディングスに統合された（16年より損保ジャパン日本興亜ホールディングスから**SOMPOホールディングス**に社名変更）。これに**東京海上HD**を加えた3つが**3メガ損保**グループと呼ばれる。2019年4～12月期の連結決算では、**MS&AD**と東京海上HDの2社が増益。過去最大規模だった前年同期に比して自然災害の被害が縮小し、保険金支払いが減った影響が大きい。

円相場
Yen Exchange Rate

- □2007年から円高が進行
- □日銀の金融緩和、市場介入
- □新型コロナウイルスの影響で混乱

　1990年代後半から100〜130円前後で推移していた円は、2000年代後半からの金融危機、欧州危機で大量に買われ、1ドル90〜80円台で推移。11年の東日本大震災も**円高**に作用し、一時70円台まで高騰。日銀は金融緩和、市場介入などの対策を続けたが、米国債格下げなどに相殺された。12年後半から安倍政権の経済刺激策への期待などから**円安**が進行、13年は100円台まで下落。14年11月には120円台まで急落した。16年に入り**円高**が進んだが、米大統領選の結果を受けて**円安**に。19年は大きな動きもなく推移した後、20年は新型コロナウイルス感染症の影響で混乱を呈した。

長期金利
Long-term Interest Rates

- □市場メカニズムや将来への期待が影響
- □10年物国債の利回りが指標
- □上昇する金利を抑えるため国債を買い入れ

　短期金利は日本銀行の金融調節でコントロールされるのに対して、**長期金利**は長期資金の需給の市場メカニズムや将来の金利などへの期待に左右される。日本の**長期金利**の指標となる**10年物国債**の利回りは、2013年4月に日銀が「**量的・質的緩和**」を導入した直後に上昇した後、緩やかに低下。14年10月の追加緩和を受けて急落し、15年1月に0.1%台を記録した。その後マイナス金利政策の副作用で**長期金利**がマイナスに落ち込んだことから、日銀は16年9月に0％近くに誘導する政策に転換。19年4月には超低金利政策を「20年春頃まで」と期限を示したが、同年10月にはこれを撤回した。

DATA 2019年9月、世界経済混乱への懸念から安全資産とされる日本国債が買われて**長期金利**が−0.295％まで下落。同年12月には9カ月ぶりにゼロに上昇した。

信用スコア
18 NEW 最新
Credit Score

- □個人の信用情報を数値化
- □融資、就職などの評価に用いられる
- □日本でもIT企業の参入が相次ぐ

特定の個人の社会的な信用度を表す数値。過去の借り入れや決済の履歴といった取引の信用情報をベースに、その人がどれだけ信用度が高い／低いかを測る。信用度が高ければ金融機関からの融資、不動産契約、就職活動などで優遇される半面、低ければリスクの高い人物と見なされる。これまで広く普及している国は、主にアメリカと中国。とりわけ中国はスマートフォンなどITの急速な普及にともない、**信用スコア**による個人の格付けが一般化している。日本でもみずほ銀行とソフトバンクが共同出資する**ジェイスコア**を先駆けとして、ヤフー、LINE、DeNAといったIT企業の参入が相次ぐ。

量的緩和
19 BASIC 基本
Quantitative Easing (QE)

- □「金融緩和」政策のひとつ
- □国債や手形を買い取って通貨供給量を増やす
- □2013年4月、量的・質的金融緩和を開始

金融緩和政策のひとつ。中央銀行が金融市場に供給する資金の量を増やす。日本ではデフレ対策として2001〜06年に初めて導入された。金融緩和は通常、短期金利を引き下げ景気の刺激を図る。しかし日銀はすでに**ゼロ金利**を導入していたため、民間金融機関から国債や手形を買って通貨供給量を増やす**量的緩和**に臨んだ。また、日銀は安倍政権発足後の13年から大規模な「**異次元緩和**」を開始。だが、当初2年が期限の物価上昇率2％の目標はいまだ達成にほど遠い。一方、アメリカは08年、欧州も15年から**量的緩和**を導入。一定の成果を上げつつも、世界経済の不透明化に直面している。

年金積立金管理運用独立行政法人（GPIF）

GPIF: Government Pension Investment Fund

- □厚生年金・国民年金の管理運用を行う
- □運用資産額約131兆円
- □国内株および外国株の比率を倍増

3 経済 ●金融●

　2006年に設立された厚生労働省所管の独立行政法人。**厚生年金・国民年金**の管理運用業務を行う。かつては厚生省所管の年金福祉事業団が公的年金の積立基金運用を行っていたが、不適切な流用で巨額の赤字を出すなど財務状況が悪化。01年に年金福祉事業団を廃止して年金資金運用基金が受け継ぎ、06年にこれを改組する形で**年金積立金管理運用独立行政法人（GPIF）**となった。**GPIF**は日本国債を中心に運用してきたが、14年10月に株式の比率を50％に拡大。19年12月末時点での01年以降の累積収益は75兆2449億円、運用資産額は**168兆9897億**円。

JPX日経インデックス400

JPX-Nikkei Index 400

- □2014年1月から始まった株価指数
- □東証1部、新興市場などに上場の400銘柄
- □資本市場の立場から企業の変革や成長を促す

　日本取引所グループなどが2014年1月から算出する株価指数。東京証券取引所の市場1部、新興市場などに上場する400銘柄で構成。「3年平均ROE」「3年累積営業利益」「選定基準日時点における時価総額」などによるスコアリング、「独立した社外取締役の選任」「IFRS採用または採用を決定」「決算情報英文資料のTDnet（英文資料配信サービス）を通じた開示」などの基準から選定する。毎年8月に銘柄の入れ替えを行う。また17年3月からは、上場企業の多数を占めるいわゆる中小型株の動向を示す**JPX日経中小型株指数**の算出も始まった。

DATA 年金積立金管理運用独立行政法人（GPIF）は新型コロナウイルス感染症の拡大にともなう株安で多額の運用損が見込まれている。

TOPICS

株式・為替

赤シートで答えを隠してトライ！

☐Q1　日経平均株価
日経平均株価とは、東京証券取引所第1部上場銘柄のうちの、主要な（225）の銘柄の平均株価であり、1950年から算出が開始され、日本の中心的な株価指標となっている。

☐Q2　ダウ工業株30種平均
ダウ工業株30種平均は、アメリカの（ダウ・ジョーンズ社）が毎日発表する工業株30銘柄を対象とした株価指数であり、世界経済の方向を示す指標とされる。「（ニューヨーク・ダウ）」ともいう。

☐Q3　少額投資非課税制度（NISA）
年間100万円（2016年からは120万円）までの投資を対象に、株式や投資信託などの配当、売却益が最長20年間（非課税）になる。子供名義の口座開設も可能にするなど、政府が積極的に普及を推進中。

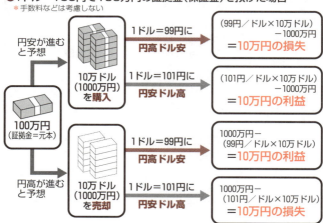

外国為替証拠金取引の仕組み

日経平均株価
The Nikkei Stock Average

- □東証1部上場225銘柄
- □日本の中心的な株価指標
- □2018年、1991年以来の最高値に

　東京証券取引所第1部上場**225**銘柄の平均株価で、日本の中心的な株価指標。**1950**年から算出が開始され、最高値はバブル最盛期89年12月の**3万8915**円。2007年の世界同時株安からサブプライムローン問題、リーマン・ショックと景気を圧迫する「負の連鎖」が進行。08年の下落率42%は過去最大。09年3月にはバブル後最安値を更新。12年3月に1万円台を回復した後は上昇に向かい、15年には2万円台まで高騰。18年は10月に27年ぶりの最高値となる2万4270円をつけた後、12月に1万9155円に急落。19年は米中貿易戦争への懸念で一時低迷後、2万4000円台に回復した。

東証株価指数
Tokyo Stock Price Index=TOPIX

- □通称、TOPIX（トピックス）
- □東証1部上場全銘柄の時価総額を指数化
- □2006年から浮動株指数算出方式

　通称、**TOPIX（トピックス）**。東証第1部で取引される全銘柄を対象に、基準日である**1968**年**1**月**4**日の時価総額（上場会社の株式総数と株価をかけたもの）を100として日々の時価総額を指数化したもので、全体の相場の動きを的確に表すとの評価がある。採用銘柄の変更などの場合には、基準時の時価総額を修正することで連続性をもたせている。2006年6月には流動性のない株（固定株）を算出対象から除き、実際に市場で売買される可能性の高い株（浮動株）で指数の算出を行う方式に段階的に移行した。これは**浮動株指数算出方式**と呼ばれ、世界の主要株式指数で導入が進んでいる。

DATA 2020年の**日経平均株価**は年初に中東情勢緊迫化の影響で下落した後、2月からは新型コロナウイルス感染症の拡大への懸念から荒い値動きを見せた。

BASIC 基本 24 ダウ工業株30種平均
Dow Jones Industrial Average

速効 KEY POINT
- □ニューヨーク・ダウともいう
- □ニューヨーク株式市場の平均株価
- □アメリカの主要産業を代表する銘柄

　アメリカの**ダウ・ジョーンズ社**が毎日発表する工業株**30**銘柄を対象とした株価指数。**ニューヨーク・ダウ**ともいう。1896年に12銘柄でスタートし、1928年に現在の**30**銘柄となった。同社が発表するニューヨーク株式市場の平均株価には工業株のほか、輸送株**20**銘柄、公共株**15**銘柄、およびこれらの総合**65**銘柄の3種類があるが、工業株は歴史も古く、マイクロソフト、IBM、GEなど、アメリカの主要産業を代表する銘柄が世界経済の方向を示す指標として重要視される。20年に入ってからは新型コロナウイルス感染症の影響から乱高下した。

BASIC 基本 25 外国為替証拠金取引(FX)
Foreign Exchange Margin Trading

速効 KEY POINT
- □保証金を担保に外国通貨を売買できる取引
- □倍率が高くなるほどリスクが高くなる
- □外為法改正で個人投資家に広がった

　取引業者に預託した一定の**証拠金（保証金）**を担保に、25倍までの額の外国通貨を売買できる取引。倍率が高いほど損害も利益も増える。1998年の外貨取引の自由化を機に一般投資家に広がった。100万円を預けドルを取り引きする場合、10倍なら1ドル＝100円として10万ドル（1000万円）購入でき、1円円安になれば10万円の差益がある。逆に円高が進むと**証拠金**を失う恐れも。金融庁は投資家保護のため2010年8月に倍率を50倍以下に、11年8月には25倍以下に引き下げた。19年の**外国為替証拠金取引（FX）**は、円相場が小幅な値動きにとどまったことから低調に終わっている。

26 暗号資産
Crypto Asset

- ☐ ビットコインが代表例
- ☐ ブロックチェーン技術を活用
- ☐ 投機目的の購入が過熱

　ウェブ上で取引される通貨の一種。各国の中央銀行が発行し、金融機関などで一元的に管理される通常の通貨と異なり、**暗号資産（仮想通貨）**は発行者や公的機関の権威づけをもたない。**暗号資産**の代表例は、2009年に運用が始まったビットコイン。これは金融機関などの一元的な管理者をもたず、**ブロックチェーン**というデータベースの枠組みを用いて参加者全員が取引情報を共有する。投機目的の購入が過熱、また交換業者からの**暗号資産**流出事件などがあり、社会的に注目を浴びた。20年4月には改正資金決済法が施行され、行政手続きにおける**仮想通貨**の名称が**暗号資産**に改められた。

27 少額投資の非課税制度（NISA）
Nippon Individual Savings Account

- ☐ 株式の配当、譲渡益などを非課税とする制度
- ☐ イギリスの同様の制度がモデル
- ☐ 政府が普及に努めている

　年間**120万**円までの投資を上限に、上場株式、公募株式投資信託などの配当や譲渡益を実質最長20年間にわたり非課税とする制度。市場活性化策として2014年1月に導入された。モデルは、イギリスで資産形成や貯蓄の手段とされるISA（Individual Savings Account）。政府・与党はこれを日本版ISA＝**NISA**とし、「貯蓄から投資へ」の観点から普及に努めている。16年からは子供・孫名義の口座を開設して投資する「ジュニア**NISA**」、18年1月からは非課税期間を20年とする「つみたて**NISA**」も導入された。政府は24年から低リスク商品に特化した「積立枠」を設ける方針。

DATA 2019年6月、フェイスブックはネット上で取引されるデジタル通貨「**リブラ**」を発行する計画を発表。既存の通貨より低コストで決済できる点がメリット。

TOPICS

世界経済・貿易

赤シートで答えを隠してトライ！

☐Q1　米中貿易戦争
アメリカは2018年、知的財産権侵害への制裁として（中国）からの輸入品に（関税）をかける措置を開始。（中国）も報復関税を発動し、米中貿易戦争に発展した。トランプ大統領は20年の大統領選を控え、同年1月に（中国）と「第1段階」の合意に署名。

☐Q2　自由貿易協定（FTA）
特定の国・地域間の協定に基づいて、（関税）・非（関税）障壁の撤廃、貿易の自由化を目指す。メガFTAの一例として環太平洋パートナーシップ協定（TPP）が挙げられる。

☐Q3　関税
貨物が国境を通過する際に課される（税金）。輸出関税、輸入関税などに分かれる。海外からの輸入品に（税金）を課すことで、輸入品と競合する国内産業の保護を図るのが主な目的。

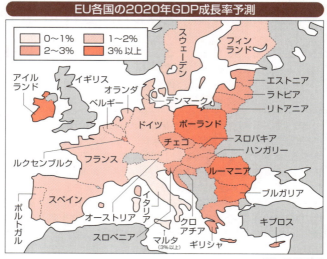

出典：欧州委員会

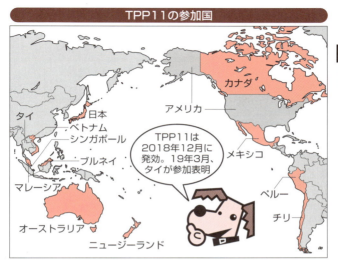

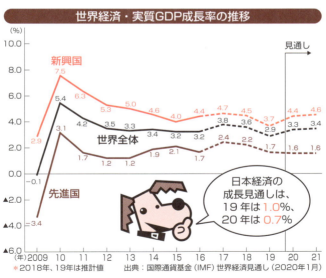

DATA　2020年3月、新型コロナウイルスの感染拡大にともなう世界的株安を受け、米連邦準備制度理事会（FRB）は緊急利下げに踏み切った。

28 米中貿易紛争
US-China Trade Dispute

- □米トランプ政権が対中制裁措置を発動
- □関係国を巻き込む貿易戦争へ発展
- □2020年1月、第1段階の合意に署名

　2018年から米トランプ政権と中国の貿易摩擦が本格化している。アメリカは18年3月、中国を主な標的に鉄鋼・アルミ製品に関税を課す措置を発動。さらに中国による知的財産権侵害などへの制裁措置として、同年7～8月に総額**500億**ドル相当の中国からの輸入品に25％、9月に同じく**2000億**ドル相当の輸入品に10％の関税を上乗せした。これに対して中国もアメリカから輸入する自動車や農産物への報復関税を発動。貿易戦争へ発展した。19年もアメリカの追加制裁・中国の報復が相次いだが、20年1月に米中が「第1段階」の合意を署名。これに基づきアメリカは関税率を一部引き下げた。

29 日米貿易協定
U.S.-Japan trade agreement

- □**アメリカのTPP離脱が背景**
- □**2020年1月発効**
- □**自動車・自動車部品の関税撤廃は見送り**

　2017年1月に米トランプ政権が環太平洋パートナーシップ協定（TPP）からの離脱を表明。その後11カ国でTPPが順次発効する一方、日米は19年4月から2国間の貿易協定の実質的な交渉を開始。約5カ月を経た同年10月、農産物や工業品の関税分野に特化した**日米貿易協定**に正式署名した。同協定は20年1月発効。これによりアメリカ産農産品の関税はTPP11並みの水準にまで引き下げられた。ただし、TPPでは日本の対米輸出額の約**30**％を占める自動車・自動車部品を含むすべての工業品の関税撤廃が合意されていたが、今回の協定ではエアコン部品や工作機械などに限られる。

BASIC 30 自由貿易協定（FTA）

FTA: Free Trade Agreement

KEY POINT
- □WTOによる貿易ルール作りが停滞
- □２国間または地域ごとの交渉が主流に
- □関税・非関税障壁の撤廃、貿易の自由化

保護貿易主義が第二次世界大戦を招いたとの反省から、戦後の国際社会は自由貿易の追求に努めてきた。1947年調印の関税と貿易に関する一般協定（GATT）が95年発足の世界貿易機関（WTO）に受け継がれたが、先進国と途上国との対立が表面化。全会一致が原則のWTOによる貿易ルール作りが停滞したため、**自由貿易協定（FTA）**、経済連携協定（EPA）が２国間または地域ごとに交渉されるようになった。**FTA**は特定の国・地域間の協定に基づいて関税・非関税障壁の撤廃、貿易の自由化を目指す。近年はより広域の国・地域が巨大な経済圏を作るメガ**FTA**の交渉も進展中。

NEW 31 TPP11

Trans-Pacific Partnership-11

KEY POINT
- □太平洋周辺地域の経済連携協定
- □2017年１月にアメリカがTPP離脱を決定
- □アメリカを除く11カ国の新協定

環太平洋パートナーシップ協定（TPP）は、太平洋をモノ・サービス・投資などが自由に行き交う場とするため周辺地域の国が参加する経済連携協定。関税撤廃による貿易自由化、投資や知的財産などのルール作りを含む。2006年５月発効のP4協定を母体に10年から交渉開始。16年２月に参加12カ国が協定文に署名したが、**米トランプ大統領**は17年１月に離脱を決定。これを受けて18年３月、11カ国が改めて新協定に署名。同年12月、日本、メキシコ、シンガポール、ニュージーランド、カナダ、オーストラリアの６カ国で発効。19年３月、タイが参加を表明。イギリスもまた関心を示す。

DATA メガ**FTA**の例は**環太平洋パートナーシップ協定（TPP）**、東アジア地域包括的経済連携（**RCEP**：Regional Comprehensive Economic Partnership）等。

BASIC 基本 32 欧州中央銀行（ECB）
European Central Bank

- □ユーロ圏の中央銀行
- □1998年設立
- □ユーロ圏諸国の金融政策を担う

　ユーロ圏19カ国の金融政策を決定する中央銀行。ドイツ・フランクフルトに本店を置く。ユーロ圏内の物価安定が主な役割。欧州通貨機構を継承するかたちで1998年に設立。99年1月にユーロ加盟国（当時は11）の金融政策が各国の中央銀行から**ECB**に移管された時点で、ユーロ圏が発足した。**マリオ・ドラギ**総裁は大胆な金融安定化策により欧州危機を沈静化させたとの評価もある。高まるデフレ懸念に対し、14年にマイナス金利を導入、15年に初の量的緩和を実施。量的緩和は18年12月に終了したが、19年9月に再開。19年11月には**クリスティーヌ・ラガルド**が総裁に就任した。

BASIC 基本 33 関税
Tariff

- □貨物が国境を通過する際に課される
- □国内産業の保護が主な狙い
- □関税を撤廃して自由貿易を目指す

　貨物が国境を通過する際に課される税金。輸出品に課される輸出**関税**、輸入品に課される輸入**関税**などに分かれる。主に海外からの輸入品に税金を課すことで、財政収入の確保（財政**関税**）・輸入品と競合する国内産業の保護（保護**関税**）を図るのが目的。一方、**関税**などを撤廃して自由貿易を目指すための取り組みに、自由貿易協定（FTA）などがある。米トランプ政権は発足以来、対米黒字の大きな中国、メキシコなどからの輸入品に税率の高い**関税**をかけて自国産業を保護すると主張。2018〜19年、中国の知的財産権侵害への制裁として、中国からの輸入品に大規模な**関税**を課した。

BASIC 基本 34 米連邦準備制度理事会（FRB）
Federal Reserve Board

- アメリカの中央銀行にあたる機関。1913年創立。議長を含む7人の理事と12の地区連銀総裁のうち5人での連邦公開市場委員会が年間8回開かれ、金融政策を決定する。
- 公定歩合やフェデラルファンド金利（FFレート）の変更などを行うが、実際の業務は下部組織にあたる**連邦準備銀行**が担当。
- オバマ政権の**量的緩和**を成功に導いたジャネット・イエレン議長は2018年2月退任。後任は**ジェローム・パウエルFRB**理事。

NEW 最新 35 北米自由貿易協定（USMCA）
United States-Mexico-Canada Agreement

- アメリカ・カナダ・メキシコが関税撤廃、投資自由化などを定めた1994年発効の**北米自由貿易協定（NAFTA）**が前身。
- **NAFTA**により域内貿易は4倍に拡大したが、米トランプ大統領は「アメリカの貿易赤字を増やし、雇用を奪った」と批判。
- トランプ政権の意向により、2017年8月から協定の見直し交渉が開始。自動車の関税撤廃の条件を厳しくする保護主義的な条項などを盛り込んだ新たな協定**USMCA**が19年12月に署名された。

BASIC 基本 36 日欧EPA
Japan-EU EPA

- **経済連携協定（EPA）**は貿易自由化、投資、人の移動、知的財産保護などのルール作り、さまざまな分野での協力などを含む広範囲な経済関係の強化を目的とする協定を指す。
- 日本とEUは**EPA**締結に向けた交渉を2017年12月に終え、18年7月に署名。19年2月1日に発効した。
- 発効後にそれぞれ90％以上の**関税**を撤廃。日本は自動車・自動車部品の輸出で恩恵が大きく、EUも農産品の輸出拡大を見込む。

> **DATA** 関税の撤廃・削減を定める**自由貿易協定（FTA）**に対し、**経済連携協定（EPA）**は知的財産の保護や投資ルールの整備なども含める点が異なる。

BASIC 37 GDP（国内総生産）
Gross Domestic Product

- 国籍に関係なく一国内に居住する人々の経済活動によって一定期間（通常1年）内に産出された財・サービスなどの価値額の合計。
- その国に属する者の経済活動によって生産された価値の合計額である**GNP**という指標もあるが、企業の多国籍化や労働者の国際間移動が常態化した現在、国内の経済成長を見る指標は**GDP**が一般的。
- **GDP**には時価評価の**名目GDP**と、物価変動分を加味した**実質GDP**があり、一般的には**GDP**とは、**実質GDP**のことを指す。

NEW 38 ふるさと納税

- 都道府県や市区町村に対する寄付が、所得税・住民税の控除の対象となる制度。地域活性化を目的に、2008年4月に始まった。
- 自治体によって様々な返礼品を受け取ることができ、これを目当てとして人気が過熱した。18年度の寄付額は前年比40.3％増の**5127億**円に達した。
- 改正地方税法の成立を経て、返礼品を寄付額の3割以下とし、地場産品に限る新制度が19年6月から始まった。

NEW 39 GAFA
GAFA

- グーグル（Google）、**アップル（Apple）**、フェイスブック（Facebook）、**アマゾン（Amazon）**の頭文字を合わせた造語。
- いずれも検索、スマートフォン、SNS、ECサイトというITビジネスのプラットフォームを有し、市場で独占的なポジションを占める。こうした米IT大手の寡占に対し、欧州ではプライバシー保護、公正な競争の確保の観点から、規制を課す動きが始まっている。
- 日本でも市場独占の防止などを狙った法整備が進んでいる。

産業

■勉強のポイント
①現代産業、特に先端技術の動向を知る
②現在の労働環境を取り巻く状況を理解する
③労働に関する法律の名称と内容を覚える
④会社経営の現状を把握する

重要項目

Check 1 最新
2025年に開催される万博の開催地に決まった都市はどこ？（→P103の2）

Check 2 最新
2018年12月に成立した改正水道法によって水道事業の何が促された？（→104の4）

Check 3 最新
リニア中央新幹線の品川─名古屋区間は何年に開業する予定？（→P106の8）

Check 4 最新
働き方改革関連法に盛り込まれた同一労働同一賃金はいつから施行されている？（→P111の19）

Check 5 基本
具体的な企業活動を行わず、グループの支配だけを目的につくられた会社とは？（→P113の20）

TOPICS

現代産業

赤シートで答えを隠してトライ！

☐Q1　カジノ導入が成長戦略
2016年12月、（IR）整備推進法（カジノ解禁法）が成立。ギャンブル依存症や反社会的勢力の参入が懸念されるなか、18年7月に（IR）実施法も成立した。

☐Q2　24時間営業見直し
小売・外食チェーンで24時間・深夜営業、元日営業などを改める動きが拡大。人口動態の変化、（人手不足）による人件費高騰を背景に、コンビニやファミレスも働き方の見直しを迫られている。

☐Q3　整備新幹線の建設が加速
2016年12月に（北陸）新幹線の福井県・敦賀から京都までのルートが同県の小浜経由で決定した。同新幹線の金沢―敦賀間、北海道新幹線の新函館北斗―札幌間の開業前倒しが政府により求められている。

整備新幹線の現状

IR（統合型リゾート）

Integrated Resort

- □カジノが併設される
- □安倍政権の成長戦略の目玉
- □ギャンブル依存症や反社会的勢力の参入の懸念

　IR（統合型リゾート）とは、国際会議場・展示会場、ホテル、劇場などの商業施設などが一体になった複合観光集客施設を指す。カジノが併設されることで、収益の多くを得る。**IR**を成長戦略の目玉と考える安倍政権は、2016年12月、日本維新の会などの賛成で**IR整備推進法**（カジノ解禁法）を臨時国会で成立させた。ギャンブル依存症や反社会的勢力の参入が懸念されるため、入場回数制限など対策を講じた**IR実施法**が18年7月に成立。カジノが開業できる区域は国内最大3カ所とされている。2021年1〜7月までに認定申請受付が行われ、政府が8月以降に立地地域を選定する予定。

大阪・関西万博

Expo 2025 Osaka, Kansai, Japan

- □2025年の万博の開催地に大阪が決定
- □テーマは「いのち輝く未来社会のデザイン」
- □IRとのセットで経済波及効果を狙う

　国際博覧会（万博）とは、**国際博覧会条約**に基づいて開かれる博覧会。5年ごとの大規模な登録博がメイン。日本では1970年大阪万博から2005年愛知万博まで計5回開催された。とりわけ70年大阪万博は高度経済成長を象徴する昭和の代表的なイベントとされる。政府は新たにその開催を目指し、25年万博の開催国に立候補。18年11月の国際機関・**博覧会国際事務局（BIE）**総会で大阪での開催が決定した。期間は25年4月13日〜10月13日。テーマは「いのち輝く未来社会のデザイン」。超高齢化社会をふまえ健康や医療に焦点を当てる予定。また**IR**とのセットで経済波及効果も狙う。

DATA 2025年大阪・関西万博は150の国を含む国際機関など166のパビリオンが出展、約半年の開催期間を通じて約**2800万**人の来場者を見込んでいる。

3 24時間営業見直し

速効 KEY POINT
- □24時間・深夜営業、元日営業などを見直し
- □コンビニ各社が時短営業拡大・容認へ
- □人口動態の変化、人手不足などが背景

　小売・外食チェーンで24時間・深夜営業、元日営業などを改める動きが広まっている。**ローソン**では時短営業店が2020年2月に176店に拡大。**ファミリーマート**は同年3月に加盟店が時短営業を選択可能とする方針を示した（実施は6月から）。**セブン-イレブン**も19年10月に加盟店の深夜休業を容認した（ただし24時間営業の店への優遇策も発表）。外食では、すかいらーくホールディングスが20年1月、国内155店舗で実施の24時間営業を同年4月までにすべて廃止すると発表。人口動態の変化、人手不足による人件費高騰を背景に、小売・外食チェーンも働き方の見直しを迫られている。

4 改正水道法

速効 KEY POINT
- □自治体の水道事業の負担が増大
- □水道事業への民間の参入を促す
- □ライフライン民営化には反対意見も

　水道事業への民間の参入を促す**改正水道法**が2018年12月に成立した。背景には老朽化、少子化、財政難にともなう自治体の水道事業の負担増大がある。全国の水道料金は過去30年間で平均約3割上昇。それでも約3分の1の水道事業者が料金収入を給水費用が上回る「原価割れ」に陥っている。老朽化した水道管の交換も進んでいない。これらをふまえ、**改正水道法**は自治体に水道事業の統合推進や施設修繕の義務を課す。同時に自治体が施設を保有しつつ運営権を民間企業に売却する「**コンセッション方式**」を促進する規定も盛り込まれた。一方でライフラインの民営化に対する反対も根強い。

5 ユニコーン

Unicorn

KEY POINT
- 企業価値の高い未公開のベンチャー
- 起業が盛んな中国やアメリカに多い
- 莫大な投資益が期待される

　米シリコンバレーで2013年頃から使われ始めた用語。創業10年以内、企業価値10億ドル以上、株式未公開のベンチャー企業を指すことが多い。伝説上の**ユニコーン**のように希少な存在、という意味でこう呼ばれる。特に起業が盛んな中国やアメリカに多い。具体例は動画共有アプリ「TikTok」を運営する中国のバイトダンス、民泊仲介サービスの米エアビーアンドビーなど。投資家が公開前に株式を取得すると莫大な利益が期待できる点から、改めて注目を集めている。一方でシェアオフィス大手の米ウィーワークのように期待を集めながら、乱脈経営で企業価値を大きく落とす例もある。

6 ファーウェイ（華為技術）

Huawei

KEY POINT
- 中国の大手民間通信機器メーカー
- スマートフォン出荷台数世界2位
- 欧米で5G整備計画から締め出しの動き

　中国・深圳（しんせん）に本社を置く中国の大手通信機器メーカー。1987年に現CEO（最高経営責任者）の任正非（レンジェンフェイ）が創設。通信事業者向けネットワーク事業のほか、スマートフォン、タブレット、PCなどのハードウェア製造、販売も行う。スマートフォン出荷台数は**サムスン電子**に次ぐ世界2位。世界170カ国以上で事業を展開し、2019年の年間売上高は前年比18％増の約13兆2000億円に達する見通し。5G関連特許の企業別保有数では世界1位。米トランプ政権は対中制裁の一環として**ファーウェイ**排除を各国に呼びかけているが、イギリスは20年1月に5G分野での一部採用方針を打ち出した。

DATA　**コンセッション方式**とは公共サービスを民営化する方式の一つ。公共施設の所有権を国や自治体に残したまま、運営権を長期にわたり民間事業者に売却する。

7 外国人技能実習生
Technical Intern Trainee

速効 KEY POINT
- □「技術移転による国際貢献」を目指す
- □割安な労働力の確保策
- □事業所の７割が法令違反

　日本で働きながら技術を学ぶ「**外国人技能実習生**」が問題になっている。**外国人技能実習制度**では現在、農漁業や食品製造、建設、介護などで途上国の外国人を受け入れている。「技術移転による国際貢献」を掲げるが、企業にとって割安な労働力の確保策となっているのが実態。労働基準監督署などが2018年に**外国人技能実習生**が働く事業所7334カ所を監督・指導したところ、70.4%に当たる5160カ所で違法残業などの法令違反があった。一方で、19年4月に改正出入国管理法が施行されたことで、同年10月末時点での国内の外国人労働者数は過去最多の**165万8804**人に上った。

8 リニア中央新幹線
SCMaglev

速効 KEY POINT
- □高速走行する次世代新幹線
- □2027年に品川─名古屋間で開業
- □静岡工区では地元の反対も

　磁力で車体を浮上させて高速走行（営業最高速度は時速500km）する次世代新幹線。東京・神奈川・山梨・長野・岐阜・愛知・三重・奈良・大阪の各都府県に１つ駅を設置。2015年12月に本格着工、27年に品川─名古屋区間（最短40分）が開業予定。大阪までの全線開通は45年予定だが、最大で8年間の前倒しが検討されている。**9兆**円超の建設費はJR東海の全額負担としているが、うち**3兆**円は**財政投融資**を政府から受け、税制面でも優遇されるため、国家プロジェクトといえる。一方で、工事で大井川の流量変化が懸念される静岡工区は、地元の反対で着工が遅れている。

整備新幹線
Projected Shinkansen

- **全国新幹線鉄道整備法**に基づいて整備される新幹線。1973年に北海道、東北、北陸、九州2ルートの5路線の建設が決まった。
- 北陸の長野—金沢間、東北の盛岡—青森間、九州の博多—鹿児島間に続き、2016年3月には北海道の新青森—新函館北斗が開業。
- 16年12月、北陸の敦賀—京都間のルートが福井県・**小浜**経由に決定。政府は金沢—敦賀間を25年度から3年、北海道の新函館北斗—札幌間を35年度から5年、開業の前倒しを目指している。

ブロックチェーン
Blockchain

- ビットコインの基幹技術として発明され、仮想通貨の運用を可能にした技術。「**分散型台帳技術**」とも訳される。
- 銀行のように中央のシステムが取引記録を集中管理するのと異なり、インターネット上に分散する複数のコンピュータが取引の記録を共有・検証し合う。これにより記録の改竄や不正取引を防げる。
- 仮想通貨にとどまらず、電力の売買、農業の生産・流通管理など、幅広い産業分野での活用が始まっている。

楽天モバイル

- **楽天**が傘下の**楽天モバイル**で自前の回線による携帯電話事業に参入。2020年4月から東京23区、大阪市、名古屋市を中心に商用サービスを始めた。既存3社より割安なプランを提供している。
- 携帯電話事業の認可を受けたのは18年4月。基地局整備の遅れから当初予定の19年10月からのサービス開始を先送りしていた。
- 第4の携帯電話事業者の参入で通信料金の値下げが期待される一方、サービス品質の向上や黒字化が今後の課題。

> **DATA** **楽天**は3大都市圏を中心に自前の基地局を展開、それ以外の地域は**KDDI**に費用を支払って基地局を借りるかたちで全国展開に乗り出している。

TOPICS

労働・雇用

赤シートで答えを隠してトライ！

Q1 労働に関する法律
労働条件の基準を定めた法律が労働基準法である。また、派遣労働者についての法律には（**労働者派遣法**）がある。

Q2 働き方改革関連法
2018年6月に成立した働き方改革関連法では、（**残業時間**）の上限規制、特定の職務に労働時間規制をなくす（**高度プロフェッショナル制度**）などが盛り込まれた。

Q3 完全失業率
（**労働力人口**）に占める（**完全失業者**）の比率を完全失業率という。雇用動向を反映した重要な景気指数とされる。

Q4 労働市場の需給状態を示す数値
求職者1人に対する求人数の比率が（**有効求人倍率**）。1より多いか少ないかで労働市場の需要超過または供給超過の状態がわかる。

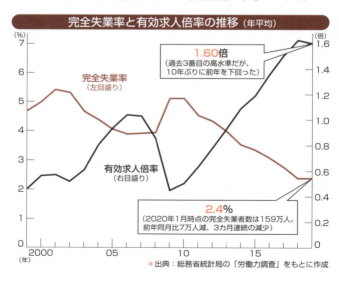

完全失業率と有効求人倍率の推移（年平均）

1.60倍（過去3番目の高水準だが、10年ぶりに前年を下回った）

2.4%（2020年1月時点の完全失業者数は159万人。前年同月比7万人減、3カ月連続の減少）

※出典：総務省統計局の「労働力調査」をもとに作成

労働基準法
Labor Standards Law

KEY POINT
- □1947年施行の労働者を保護する法律
- □多くの関連法令がある
- □遵守されることが少ない

　賃金、労働時間、休暇など、労働条件の最低基準を定め、労働者を保護する最も包括的な法律。1947年に制定・施行。関連法令として労働者派遣法、賃金の支払確保等に関する法律、男女雇用機会均等法、育児・介護休業法など多数がある。**労働基準法（労基法）**の遵守率は非常に低いといわれる。労働者は、自分の職場に**労基法**違反があれば労働基準監督機関に申告でき、同機関は是正のため行政上の権限を行使できる。だが、行政上の権限による解決には限界があり、使用者（雇い主）が申告人へ報復を行うおそれもあることから、労働者が違反事実を申告することは稀であると考えられる。

勤務間インターバル制度

KEY POINT
- □勤務後に一定の休息時間を設ける制度
- □労働者の生活時間や睡眠時間を確保
- □過労死防止大綱で導入割合の目標を掲げる

　勤務終了後に一定時間以上の休息時間を設けることで、労働者の生活時間や睡眠時間を確保する制度。2018年6月成立の働き方改革関連法に基づいて**労働時間等設定改善法**が改正され、前日の終業時刻から翌日の始業時刻の間に一定時間の休息を確保することが、事業主の努力義務として規定された。一定の休息時間を確保することで労働者が十分な生活時間や睡眠時間を確保でき、ワーク・ライフ・バランスを維持しながら働き続けられるようになることが期待されている。政府は18年7月の過労死防止大綱で、20年までに労働者30人以上の企業の導入割合を**10**％以上とする目標を掲げた。

DATA 厚生労働省の調査では2018年に**勤務間インターバル制度**を導入済みの企業は前年の1.8％から3.7％に増加。導入を検討・予定している企業は15.3％。

14 改正入管法

- **改正出入国管理法（入管法）** が2018年12月に成立。新たな在留資格「**特定技能**」が19年4月に導入され、外国人労働者受け入れが拡大された。
- 政府は運用のあり方を示した基本方針（18年12月）で、新制度の意義を「深刻化する人手不足への対応のため」と明記。
- 政府は初年度の19年度に最大4万7550人の**特定技能取得者**を受け入れるとしていたが、準備不足などから実際は目標の3％程度。

15 働き方改革

- 第3次に続き第4次安倍政権も「**一億総活躍社会**」の実現に向けて、**働き方改革**を「最大のチャレンジ」と位置づけている。
- 2018年6月、**働き方改革**関連法が成立。**残業時間**の上限規制、特定の職務に労働時間規制をなくす**高度プロフェッショナル制度**、同一労働同一賃金などが盛り込まれた。19年4月から順次施行。
- 内閣府の報告によると19年の月間平均労働時間（パート除く）は製造業で前年比3.5時間、非製造業で2.9時間それぞれ減少した。

16 完全失業率
Ratio of Totally Unemployed

- **完全失業率**は、労働力人口（学生などを除いた15～64歳の就業者と失業者を足した総労働力供給量）に占める**完全失業者**の比率で、雇用動向を反映した重要な景気指数とされる。
- **完全失業者**とは、働く意思と能力があり、求職活動をしているが、収入を得られる仕事に1週間以上従事していない人を指す。
- **完全失業率**に比べ、雇用動向が早く数値に反映されるのが**有効求人倍率**。求職者数に対し求人が同数なら数値は1となる。

有効求人倍率
Active Job Opening Ratio

- ●求職者1人当たりの求人数を示す数値。これが1より多いか少ないかで、労働市場の需要超過または供給超過の状態がわかる。
- ●倍率が高いほど職を得やすい環境といえる。ただし、労使双方が求める職種、賃金などで条件が合わなければ、就職は進まない。
- ●日本はリーマン・ショック後の2009年8月に過去最低の**0.42**倍に悪化。12年末から上昇し、19年平均は前年比0.01ポイント減の1.60倍。20年1月時点の**有効求人倍率**は1.49倍と低迷。

残業時間の上限規制

- ●2018年6月に成立した**働き方改革**関連法に盛り込まれた規定。従来は労使協定に特別条項を設けることで実質青天井となっていた**残業時間**に関して、罰則つきの上限を設けている。
- ●**残業時間**の上限を原則で月**45**時間、年**360**時間としている。
- ●ただし運送業などの自動車運転業務、建設業、医師には5年間の猶予措置が設けられ、24年からの実施に。
- ●大企業は19年4月、中小企業は20年4月から適用されている。

同一労働同一賃金

- ●同じ**労働**に対して、同じ**賃金**を支払うという考え方。
- ●新卒一括採用・年功序列型の雇用が主流の日本では、正規・非正規の違いや勤続年数などで、同じ**労働**に対する**賃金**が変化する。正規社員に対する非正規労働者の賃金格差は**65.5**%（2017年）。
- ●18年6月、正規・非正規労働者の待遇格差を埋めるための「**同一労働同一賃金**」を含めた、働き方改革関連法が成立。大企業では20年4月から、中小企業が21年4月から施行される。

DATA　70歳までの雇用確保を企業に求める**高年齢者雇用安定法**などの改正案が、2020年通常国会に提出されている。少子化にともなう人手不足解消が狙い。

TOPICS

会社・経営

赤シートで答えを隠してトライ！

☐Q1 企業の損益の算定
本業の営業活動から生じる企業の利益または損失を（**営業損益**）といい、これに対し（**純損益**）とは、為替取引など本業以外の外部要素を加えた損益のことを指す。

☐Q2 ストックオプション
企業が役員や従業員に対し、（**自社株**）をあらかじめ決められた価格で、一定の期間内に（**購入**）できる権利を与える制度。業績上昇にともない利益も増すので、士気を高める効果があるとされる。

☐Q3 経営権取得を目的とした株式公開買い付け
（**TOB**）とは、主に経営権の取得を目的に、企業の株式を買収する手法。株式の買い付け期間、株価、株数などを公表し、不特定多数の投資家から買い集める。

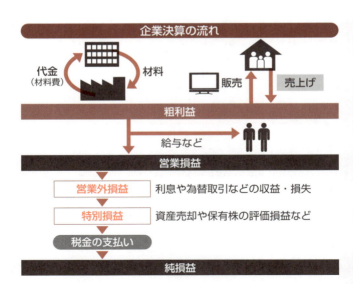

持ち株会社
Holding Company

- □親会社としてグループを統括する
- □1997年以降合法化
- □事業会社へ再編する動きも

　会社本来の具体的な事業活動を行わず、子会社の株保有を通じ、親会社としてグループの支配だけを目的とする会社。日本では戦後、財閥支配に繋がるとして禁止されていたが、1997年、独占禁止法の改正で解禁され、金融機関や百貨店など様々な業界で再編が進んでいる。**持ち株会社**のメリットとしては、子会社ごとに独立した事業展開ができるため、機動的な事業展開が可能となる、他企業の買収（M&A）がしやすいなどが挙げられる。一方で、物流大手のヤマトホールディングスは20年1月、純粋**持ち株会社**から事業会社に移行する再編計画を発表。経営スピードアップを図るのが狙い。

営業損益
Operating Profit and Loss

- □**本業の営業活動から生じる利益または損失**
- □粗利益から給与など間接部門の経費を引いた損益
- □**本業以外の外部要素を加えたものは純損益**

　営業損益とは、本業の営業活動から生じる企業の利益または損失のこと。製造業が原材料から製品をつくり販売した場合、売上げから原価となる材料費を引いたものを**粗利益**といい、さらに間接部門の従業員の給与や広告費などの経費を引いたものが**営業損益**となる。赤字なら**営業損失**、黒字なら**営業利益**という。これに対し**純損益**とは本業以外の外部要素を加えた損益。**営業損益**に対し、利息などの通常の資金運用や為替取引、有価証券の売却などを計上した「**営業外損益**」や、一時的な資産売却や保有している株式などを計上した「**特別損益**」、さらに税金の支払いを計上したものが「**純損益**」となる。

DATA 日本では**持ち株会社**が解禁された後、一部ではかえって経営の意思決定に時間がかかる、投資家向けの情報公開が後退するなどの弊害も生じていた。

BASIC 基本 22 ストックオプション
Stock Option

- □自社株購入権
- □会社の業績にともない利益も増す
- □利益は給与所得と最高裁が判決

自社株購入権と訳される。企業が役員や従業員に対し、自社株をあらかじめ決められた価格で、一定の期間内に購入できる権利を与える制度。会社の業績が上がれば株価も上昇し、行使価格を上回った段階で手に入れた**自社株**を売れば、値上がり分だけ利益が得られる。会社の業績上昇にともない利益も増すので、役員や従業員の士気を高める効果があるとされる。2015年6月から適用が始まった「**コーポレートガバナンス・コード**」では、役員報酬の一定割合を**ストックオプション**などの自社株報酬とすることを推奨。業績やリスクを報酬に反映させ、健全な企業家精神の発揮を促すのが狙い。

BASIC 基本 23 敵対的買収
Hostile Take-Over

- □相手側経営陣の同意を得ずに企業を買収
- □TOBによる手法が一般的
- □防衛策は2008年以降廃止される傾向に

相手側経営陣の同意を得ずに、株式を買い集めて企業を買収する行為を指す。**TOB（株式公開買い付け）**で発行済株式を大量取得する手法が一般的。議決権の**3分の1**超を取得すれば、株主総会で合併など重要議案の否決が可能。さらに**過半数**を取得すると、取締役を送り込むこともできる。外資などによる**敵対的買収**を防ぐために、2005年頃から、企業同士でお互いの株式を持ち合う「**株式持ち合い**」や、新株予約権の発行など、買収防衛策を導入する企業が増えた。しかし08年の金融危機以降、外資系ファンドの体力が低下したこともあり、企業は防衛策を廃止する傾向にある。

BASIC 基本 24 TOB
Take-Over Bid

速効 KEY POINT
- □経営権の取得のための手法
- □株式の買い付け期間、株価、株数などを公表
- □敵対的買収にも用いられる

株式公開買い付けともいう。主に経営権の取得を目的に、企業の株式を買収する手法。株式の買い付け期間、株価、株数などを公表し、不特定多数の投資家から買い集める。市場の価格より高い株価で買い取るため、買収に必要な株数の確保が容易。一般には対象企業や大株主の同意を得て行う。**敵対的買収**にも用いられるが、対象企業は防衛策を講じやすい。2019年3月、大手総合商社の伊藤忠によるスポーツ用品大手デサントに対する**TOB**が成立。一方、同年11月には、文具大手のコクヨが筆記具メーカーのぺんてる株を**TOB**を通じて連結子会社化すると発表したが成立に至らなかった。

BASIC 基本 25 ヤフーとLINE統合

速効 KEY POINT
- □ソフトバンクと韓国ネイバーが最終合意
- □LINEがヤフー親会社の完全子会社に
- □利用者1億人超

ソフトバンクと韓国ネイバーは2019年12月、それぞれの傘下にもつヤフー親会社**Zホールディングス（ZHD）**とLINEの経営統合で最終合意の契約を締結したと発表。ソフトバンクとネイバーが50％ずつ保有する共同出資会社の傘下に**ZHD**を置き、その完全子会社としてヤフーとLINEが入る。共同出資会社はソフトバンクの連結対象子会社とされ、**ZHD**は上場を維持する。日本の検索ポータル大手ヤフーの月平均サービス利用者は約6700万人。LINEの通信アプリ利用者は約8200万人。合わせて利用者1億人超を要するインターネット企業が誕生することになった。

DATA ネット大手ヤフーは2019年9月、衣料通販サイト「ZOZOTOWN」を運営するZOZOを約4000億円で買収、子会社化すると発表。

BASIC 26 CEO
Chief Executive Officer

- COOが**最高執行責任者**であるのに対し、**CEO**は企業の最高経営責任者。一般的に**CEO**は、企業の**会長**が兼務することが多い。
- **CEO**は企業戦略や経営方針など、長期的な経営事項に関わる決定権をもち、COOは、**CEO**の決定した事項を実行し、業務執行の責任をもつ。職務権限上、COOより**CEO**が上となる。
- 経営責任と執行責任を明確に区別する必要性などから、日本でも導入が進んでいる。ソフトバンクの**孫正義**などが有名。

BASIC 27 M&A
Merger & Acquisition

- 企業の吸収・合併と企業買収のこと。異業種参入や周辺事業の強化・拡大を行う際に**M&A**が行われる。
- 独自に事業を立ち上げる時間を省くとともに、自社ビジネスとの相乗効果を通じて競争力の強化を図る。
- 2019年の日本企業が関わった**M&A**は前年比6.2%増の**4088**件で過去最多。IT化等による産業構造の変化への対応、海外市場開拓などから、多様な業種の企業が**M&A**を活発化させている。

BASIC 28 ESG投資
ESG Investing

- 企業の財務情報だけでなく、**環境（Environment）・社会（Social）・企業統治（Governance）**も考慮した投資。
- 機関投資家を中心に動きが広がり、国連で採択された「**持続可能な開発目標（SDGs）**」とともに注目されている。
- 日本では2019年11月に日本電産が使途を電気自動車の開発などに限定した環境債1000億円を発行、**ESG**を重視する機関投資家の需要取り込みを図ったなどの例がある。

29 MaaS（モビリティ・アズ・ア・サービス）
Mobility-as-a-Service

- 従来のやり方では、例えばタクシー、鉄道、飛行機を乗り継いで移動する際、個別の交通機関ごとに予約・決済を行う。それに対して**MaaS**は出発から到着までを一括のサービスとして提供する。
- 先駆けはフィンランドで2016年に始まった「**Whim**」。スマートフォンの専用アプリ上で目的地までの最適なルートを検索し、乗り継ぐすべての交通機関の予約・決済を一括で行う仕組み。
- 日本でも19年から各地で実証実験が行われている。

30 QRコード決済
QR Code Payment

- 店頭などに掲げられた**QRコード（二次元コード）**をスマートフォンのアプリで読み込むことで出入金が処理されるサービス。
- クレジットカードの普及が遅れた中国で飛躍的に広まる。同国のモバイル決済利用者数は、2019年6月時点で6億2127万人。
- 日本でも「LINE Pay」「楽天ペイ」のほか、NTTドコモの「d払い」、アマゾンの「Amazon Pay」、ソフトバンクとヤフーの「PayPay」などがサービスを立ち上げている。

31 シェアリングエコノミー
Sharing Economy

- 「**共有型経済**」といわれ、世界的に広がりを見せているライフスタイル。代表例としては自転車シェアリング、カーシェアリング、民泊など。クラウドファンディングもその一つに当てはまる。
- スマートフォンアプリなどを通じて、サービスを提供する企業も多い。世界の市場規模は2025年に**3350億**ドルとの試算もある。
- IT大手のDeNAとSOMPOホールディングスは19年2月、カーシェアリング事業を運営する新会社を共同設立すると発表。

> **DATA** 日本の**QRコード決済**の草分け的存在「OrigamiPay」を運営するオリガミは経営破綻状態に陥り、メルカリのスマホ決済子会社メルペイに売却された。

32 就職氷河期世代

- バブル崩壊後の就職難の時代に高校ないし大学の卒業期を迎えた世代。内閣府によれば、2019年6月時点で**35〜44**歳が中心層。
- 人口は1689万人に上り、そのうち371万人が非正規労働者。
- 政府は「我が国の将来に関わる重要な課題」との認識の下、2019年6月に「就職氷河期世代支援プログラム」を策定。
- 同プログラムでは3年間の取り組みを通じて、正規雇用者を30万人増やすことを目指すとしている。

33 最低賃金
Minimum Wage

- 都道府県ごとに定められる賃金の最低限度。最低賃金法によって、企業は最低賃金以上の賃金を支払うことが定められている。
- 最低賃金は毎年、厚生労働省の中央最低賃金審議会によって決定する。2018年の全国平均は前年より26円増の時給**874**円。
- 18年の場合、最高は東京の985円。続いて神奈川（983円）、大阪（936円）、埼玉・愛知（898円）、千葉（895円）となった。逆に最低は佐賀などの762円。東京との開きは223円ある。

34 サブスクリプション
Subscription

- 本来は新聞・雑誌などの定期購読を指す。また会員制クラブの会費、携帯電話の定額料金もサブスクリプションに含まれる。
- クラウドの発達にともない、音楽や映像などのコンテンツが聞き放題・見放題となるサブスクリプションサービスが普及。
- 一方でブランドバッグや家具のリース、自動車の定額乗り放題など、モノのサブスクリプションも新たなサービスとして台頭。「所有から利用へ」という消費形態の変化がトレンドとなっている。

科学・技術

■勉強のポイント
①各国の宇宙開発の動向を知る
②通信の分野での新技術を知る
③原子力行政の仕組みを知る
④産業や経済などとの影響関係を理解する

重要項目

Check 1 最新
小惑星探査機「はやぶさ2」のミッションは？
(→P122の1)

Check 2 基本
あらゆるモノがネットに繋がる次世代技術は何と呼ばれる？ (→P128の12)

Check 3 最新
2020年に実用化された新しい通信システム「5G」とは何？
(→P130の15)

Check 4 基本
細胞に複数の遺伝子を組み込むことによりつくられる万能細胞は何？ (→P137の24)

Check 5 最新
2019年のノーベル化学賞は、吉野彰氏らが受賞したが、その受賞理由は何？ (→P138の27)

TOPICS

宇宙・航空

赤シートで答えを隠してトライ！

☐Q1　日本の小惑星探査機
小惑星イトカワの微粒子を持ち帰った小惑星探査機「はやぶさ」に続き、2014年12月には「(**はやぶさ2**)」が打ち上げられた。19年2月に小惑星「リュウグウ」への着陸に成功。20年に地球に帰還する予定。

☐Q2　史上初のブラックホール撮影に成功
2019年4月、国際科学協力プロジェクトにより史上初のブラックホール撮影に成功。世界の8カ所に散在する(**電波望遠鏡**)が連携し、解像度の極めて高い「地球サイズの望遠鏡」で観測した。

☐Q3　国産ロケット
日本が打ち上げているロケットは、主力とされる(**H2Aロケット**)、発展型の(**H2Bロケット**)、新型固体燃料ロケットのイプシロンロケットの3種類。

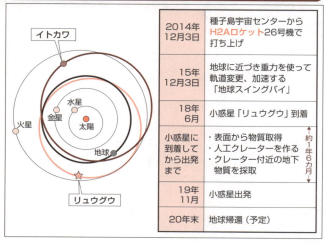

「はやぶさ2」の小惑星探査計画

2014年 12月3日	種子島宇宙センターから H2Aロケット26号機で打ち上げ
15年 12月3日	地球に近づき重力を使って軌道変更、加速する「地球スイングバイ」
18年 6月	小惑星「リュウグウ」到着
小惑星に到着してから出発まで	・表面から物質取得 ・人工クレーターを作る ・クレーター付近の地下物質を採取　（約1年6カ月）
19年 11月	小惑星出発
20年末	地球帰還（予定）

H2AロケットとH2Bロケットの運用実績

	H2Aロケット	H2Bロケット
全体図 全長 打ち上げ能力	全長 53m 打ち上げ能力 約4t〜約6t	全長 56m 打ち上げ能力 約8t
初打ち上げ	2001年8月	2009年9月
打ち上げ回数	41回	8回
成功回数	40回	8回
成功率	97.56%	100%
直近の ミッション	2020年2月、情報収集衛星「光学7号機」の打ち上げ	2019年9月、宇宙ステーション補給機「こうのとり8号機」の打ち上げ
退役予定	2023年度	2020年度

＊2020年3月現在

最近の主な惑星探査機

探査機	打ち上げ年月	ミッション
ニューホライズンズ （NASA）	2006年 1月	冥王星探査機。15年に冥王星フライバイ。19年1月に地球から65億km離れた太陽系外縁天体に到達
あかつき （JAXA）	2010年 5月	金星探査機。15年12月に金星周回軌道への再投入成功。16年4月、再度軌道修正に成功。金星の大気の謎を解明するため、現在も観測継続中
インサイト （NASA）	2018年 5月	火星探査機。18年11月、火星への着陸に成功。2年をかけて火星の地下構造を探る
みお （JAXA）	2018年 10月	水星探査機。25年に水星到着予定。水星の磁場や磁気圏の観測を行う

DATA 2018年12月、1977年に打ち上げられたNASAの探査機「ボイジャー2号」が太陽圏（太陽風の届く範囲）の外の星間空間に出たことが発表された。

はやぶさ2
Hayabusa 2

- □2014年に打ち上げられた小惑星探査機
- □小惑星「リュウグウ」で試料を採取
- □20年に地球帰還予定

　宇宙航空研究開発機構（JAXA）が開発した小惑星探査機。2010年に小惑星イトカワのサンプルを地球に持ち帰った探査機「**はやぶさ**」の後継機。14年12月に打ち上げられ、18年6月に小惑星「**リュウグウ**」に到着した。19年2月には着陸に成功。地面に弾丸を発射し試料採取を行った。人工的にクレーターを作る実験も行われ、7月に地下の岩石を採取することにも成功。同年11月には「**リュウグウ**」を出発して地球に戻る軌道に乗った。地球への帰還は20年の予定。小惑星は生命の起源とされる有機物や含水鉱物を含むため、生命起源の謎の解明に寄与できると期待されている。

みお
Mio

- □日本の水星探査機
- □欧州の水星探査機とともに打ち上げられる
- □水星の磁気圏などを観測する

　宇宙航空研究開発機構（JAXA）が開発した水星探査機「MMO」の愛称。2018年10月に、欧州宇宙機関(ESA)の水星探査機「MPO」とともに打ち上げられた。日欧共同の水星探査計画「**ベピ・コロンボ**」によるもので、「**みお**」は水星の磁気圏や高層大気を、「MPO」は表面や内部構造を観測する。これまで水星に接近した探査機はアメリカの2機のみ。「**みお**」と「MPO」は25年12月に水星に到着する予定。水星は太陽に最も近い惑星で、直径は地球の4割ほど。地球と同じように磁場をもつが、その詳細はわかっていない。日欧の探査機によって、水星の成り立ちの解明が期待される。

3 アルテミス計画
Artemis program

- □アメリカの新規宇宙計画
- □2024年に男女２名が月の表面に到達
- □月の周回軌道上の宇宙ステーションから月面へ

アメリカが2019年に発表した、月の女神の名をとった月面上陸計画。アポロ11号で人類最初の月面到着が実現したのが1969年。それから50年余りを経て、再びアメリカによる月面踏査プロジェクトがスタートする。まず2020年に無人の宇宙船を、22年には宇宙飛行士を乗せた宇宙船を月の周回軌道に送る。さらに宇宙空間で宇宙ステーション「**ゲートウェー**」を月周回軌道上に建設。24年には男女１名ずつ２名の宇宙飛行士を乗せた宇宙船が、一旦「**ゲートウェー**」とドッキングし、そこから着陸船に乗って月の表面に到達する。さらに火星探査のため月面に基地を建設する計画もある。

4 国際宇宙ステーション（ISS）
International Space Station

- □16カ国の国際協力体制で建設、2011年に完成
- □宇宙飛行士が長期滞在し、宇宙実験が行われる
- □日本の実験棟「きぼう」も設置されている

アメリカ、**ESA（欧州宇宙機関）**、ロシア、日本など**16**カ国の国際協力体制で、1998年から打ち上げ・組み立てを開始。2011年7月に完成し、現在は６名が常時滞在できる。宇宙環境を利用した実験などが行われており、日本の実験棟「**きぼう**」も08〜09年に設置された。現在の人員輸送はロシアの宇宙船「**ソユーズ**」が担っており、日本やアメリカの民間企業も物資の輸送に協力している。**ISS**は24年までの運用が決まっているが、その後は未定。アメリカは月を周回する次世代宇宙ステーションを計画。また、中国も独自の宇宙ステーション計画を進めており、22年に完成する予定。

DATA　アメリカの小惑星探査機「**オシリス・レックス**」も2018年12月に目的の小惑星「ベンヌ」に到着。サンプルを採取し、23年に地球帰還の予定。

BASIC 5 JAXA（宇宙航空研究開発機構）
Japan Aerospace Exploration Agency

速効 KEY POINT
- □ 2003年に３機関が統合されて誕生
- □ 日本の宇宙開発機関
- □ ロケットや人工衛星、探査機を打ち上げる

日本の宇宙開発と航空研究開発を行う機関。筑波宇宙センター、種子島宇宙センターなど国内の主な事業所・施設は20を数える。2003年10月に宇宙科学研究所（ISAS）、航空宇宙技術研究所（NAL）、宇宙開発事業団（NASDA）の３機関が統合されて誕生。読みは「**ジャクサ**」。基礎研究から開発・利用までを一括して担い、**H2Aロケット**や人工衛星、探査機の打ち上げなどを行う。宇宙開発を「安全で豊かな社会」「国民の希望と未来」につなげるとする長期ビジョン「**JAXA2025**」を05年に提示している。一方、政府は**JAXA**との協力を強め、安保目的の宇宙利用を深化させる方針。

BASIC 6 H2Aロケット
H-2A Launch Vehicle

速効 KEY POINT
- □ 大型国産ロケットの主力機
- □ 41回中40回の打ち上げに成功
- □ 発展型のH2Bロケットも8回打ち上げに成功

人工衛星や探査機の打ち上げに使われる大型国産ロケットの主力機。６号機の失敗を除き、2001年８月の初号機から20年１月の41号機まで40回の打ち上げに成功。成功率は97.56％。41号機では情報収集衛星「光学7号機」を打ち上げた。また、**H2Aロケット**を高性能化・大型化したH2Bロケットも09年９月以降、8回の打ち上げに成功。宇宙ステーション補給機（HTV）「こうのとり」の打ち上げに利用されている。20年度からは次期大型ロケット「**H3ロケット**」の運用が始まる予定で、現行の**H2Aロケット**は23年度に、H2Bロケットは20年度に運用を終了する。

イプシロンロケット
Epsilon Launch Vehicle

- □日本の小型固体燃料ロケット
- □2019年1月に4号機の打ち上げに成功
- □自動点検システムなどが採用されている

　日本の小型ロケットで、2006年に運用を終えたM5ロケットの後継機。JAXAと民間企業のIHIエアロスペースによって開発された。13年に試験1号機が打ち上げられ、19年1月の4号機まで、4回連続で打ち上げに成功。4号機には企業や大学などが製作した小型人工衛星7基が搭載された。**イプシロン**の特徴は固体燃料ロケットであること。**H2A**などの液体燃料ロケットと比べると、運べる重量は少なくなるが、打ち上げ延期の際に燃料を抜く必要がないなどのメリットがある。**イプシロン**は人工知能を利用した自動点検システムを採用し、打ち上げ準備時などの人件費を削減している。

民間ロケット

- □IST社が日本初の打ち上げに成功
- □代表的な企業は米スペースX社
- □有人型宇宙船によるISSとのドッキングに成功

　宇宙ベンチャーのインターステラテクノロジズ（IST）が日本初の**民間ロケット**「MOMO」を開発。初号機（2017年7月）、2号機（18年6月）は打ち上げに失敗したが、3号機（19年5月）は成功。**民間ロケット**では日本で初めて宇宙空間に到達した。4号機（19年7月）は失敗したが、ISTは小型人工衛星を打ち上げる「ZERO」ロケットも開発中。一方、アメリカのスペースX社は「**ファルコン9**」ロケットなどを運用し、多くの人工衛星の打ち上げ実績をもつ。19年3月には宇宙船「ドラゴン」が国際宇宙ステーション（ISS）とのドッキングに成功。有人宇宙飛行もめざす。

DATA 中国が開発した無人月探査機「嫦娥4号」が2019年1月、世界で初めて月の裏側への着陸に成功。20年に「嫦娥5号」で土壌サンプルを持ち帰る計画。

重力波
Gravitational Wave

- □アメリカの研究チームが直接観測に成功
- □日本の観測施設は岐阜県に建設
- □ブラックホールの撮影に初めて成功

　2016年2月、アメリカの研究チームが「LIGO（ライゴ）」という**重力波**望遠鏡で**重力波**の直接観測に成功した。**重力波**とは、重さをもった物体が動いた際に、時空のゆがみが波のように伝わる現象。アインシュタインがその存在を予言していた。「LIGO」の研究チームは17年のノーベル物理学賞を受賞。また日本も**重力波**望遠鏡「KAGRA（かぐら）」を岐阜県に建設、20年2月に観測を開始した。なお19年4月、国際科学協力プロジェクトにより世界の8カ所に散在する**電波望遠鏡**を連携させ、解像度の極めて高い「地球サイズの望遠鏡」を構成。ブラックホールの撮影に初めて成功した。

ホンダジェット
HondaJet

- □日本で実用化した小型ビジネスジェット機
- □本田技研工業の子会社が開発し製造販売する
- □3年連続で世界最高出荷数を記録

　日本で実用化に成功した小型ビジネスジェット機。本田技研工業の子会社の**ホンダエアクラフトカンパニー**が開発し製造販売を行う。1986年から開発に着手し、2003年に実験機の初飛行に成功。12年10月から量産機の生産を開始した。機体は全長13m、幅12m、高さ4.5mで、最大7人まで搭乗可能。航続距離は2265kmで機体価格は**525万**ドル。15年12月にアメリカ連邦航空局の型式証明を取得して引き渡しを開始した後、17年に43機を出荷し軽量小型ビジネスジェット機のカテゴリーでは世界で最も売れた機種となった。以後19年まで3年連続で出荷機数トップを続けている。

TOPICS
コンピュータ・通信技術
赤シートで答えを隠してトライ！

☐Q1　ディープラーニング
ディープラーニングは、人間の脳の神経回路をモデルにした計算システムにより、コンピュータが自ら学習していくことができる情報処理技術。この技術で（**人工知能（AI）**）が劇的に進化し、スマートスピーカーなどの機器も普及した。

☐Q2　モノのインターネット
家電や自動車など、身近なあらゆるモノがインターネットに繋がり、情報のやりとりを行うことを（**IoT**）といい、新しいビジネスや産業への発展が期待されている。

☐Q3　次世代の高速通信システム
スマートフォンなどの次世代通信システムは（**5G**）と呼ばれ、各国が開発を進める。日本では2020年3月に商用サービスが始まり、自動運転車など次世代技術の基盤にもなる。

5 科学・技術 ●宇宙・航空→コンピュータ・通信技術●

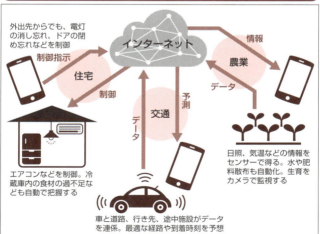

IoTの活用イメージ

外出先からでも、電灯の消し忘れ、ドアの閉め忘れなどを制御

エアコンなどを制御。冷蔵庫内の食材の過不足なども自動で把握する

車と道路、行き先、途中施設がデータを連係。最適な経路や到着時刻を予想

日照、気温などの情報をセンサーで得る。水や肥料散布も自動化。生育をカメラで監視する

DATA　2019年2月、総務省はサイバー攻撃に対するセキュリティ調査を行うと発表。全国約2億台のIoT機器にアクセスし、パスワード設定などを点検している。

BASIC 基本 11 人工知能（AI）
Artificial Intelligence

速効 KEY POINT
- □ コンピュータに人間のような情報処理を行わせる
- □「ディープラーニング」により劇的に進化
- □ 医療や自動運転車などでの応用が期待される

人工知能（AI） は、コンピュータに人間のような情報処理を行わせること。1950年代から研究が開始されたが、長い間実用化には至らなかった。しかし、2000年代に入りコンピュータ自身が膨大なデータを使って学習を繰り返す「**ディープラーニング（深層学習）**」という手法が取り入れられ、劇的に進化。16年3月には英ディープマインド社が開発した囲碁AI「アルファ碁」が、韓国のトップ級棋士イ・セドルに勝利し、注目を集めた。「スマートスピーカー」など、AIを搭載した機器も一般に普及。今後、AIは医療や教育、自動運転車など様々な分野での活用が期待されている。

BASIC 基本 12 IoT
Internet of Things

速効 KEY POINT
- □ 日本語で「モノのインターネット」という意味
- □ 家電など様々なモノがネットに接続可能になる
- □ ビジネスや産業での応用が期待されている

IoT とは **Internet of Things** の頭文字で、「モノのインターネット」という意味。家具や家電、自動車、工場の機械などあらゆるモノがインターネットに接続されて、データの収集や活用などが行われることをいう。今後、通信機器やセンサーの高性能化・低価格化にともない、インターネットに接続できるモノは爆発的に増えると予想されている。さらに **IoT** によって膨大なデータの収集が可能になるため、生活だけでなくビジネスや産業など幅広い分野で様々な情報のやりとりが行われ、応用も期待される。一方、**IoT** 機器に対するサイバー攻撃も増加しており、対策が急務となっている。

BASIC 基本 13 マルウェア
Malware

速効 KEY POINT
- □悪意のある不正なコンピュータプログラム
- □コンピュータウイルスやワームなどの総称
- □政府機関や金融機関へのサイバー攻撃が増加

　悪意をもった不正なコンピュータプログラムの総称。コンピュータウイルス、ワーム、トロイの木馬、バックドアなどがある。メールやウェブサイトの閲覧により、あるいはソフトウェアのセキュリティホールから侵入・感染する。近年では政府機関や金融機関などへのウイルスを使ったサイバー攻撃が増加。2017年5月には世界各地で**ランサムウェア**による大規模なサイバー攻撃が発生。**マルウェア**の一種の**ランサムウェア**は、コンピュータを許可なくロックしたり、データを暗号化して読み取れなくしたうえで、復元を条件に金銭を要求する。「**ランサム**」とは「身代金」のこと。

BASIC 基本 14 ビッグデータ
Big Data

速効 KEY POINT
- □ネット上などの大量で多様なデジタルデータ
- □マーケティングなどに活用されている
- □その利用が成長戦略の一環に掲げられる

　インターネット上で収集可能な情報や、閲覧や買い物の履歴、GPS端末から得られる位置情報など大量で多様なデジタルデータのこと。コンピュータの処理能力が上がったことで、これらの膨大なデータを組み合わせるなどして分析・活用する事業が盛んになっている。ビジネスでは新商品やサービスの開発といったマーケティング事業に活用されており、防犯・防災対策などにも利用が広がる。安倍政権は成長戦略の一環として**ビッグデータ**の利用を推進。2017年5月施行の改正個人情報保護法では、氏名などを削除した「**匿名化**」データならば、本人の同意なしに第三者への提供が可能となった。

 DATA　EUは「**一般データ保護規則（GDPR）**」を2018年5月に施行。個人特定が可能なデータの厳格な管理を求め、欧州経済領域以外への情報移転を禁じた。

15 5G
5th Generation Wireless Systems

速効 KEY POINT
- □次世代の移動通信システム
- □日本を含めた各国が開発を進めてきた
- □2020年に日本でも実用化

　現在、スマートフォンの通信システムは4GとLTEが主流。4Gは「第4世代」の意味で、LTEアドバンストやWiMAX2などがこれにあたる。LTEは3G（第3世代）から4Gへの橋渡しとなった技術で3.9世代ともいわれる。次世代の通信システムである**5G**は、これまで未使用の周波数帯域を使い、4Gと比較して約**100**倍の通信速度が可能となる。**IoT**や自動運転車などは**5G**を想定して開発されており、次世代の移動通信インフラ基盤として注目される。欧米、日本、中国、韓国など各国が開発を進め、20カ国以上でサービスが提供されている。日本では20年3月から商用サービスが始まった。

16 スーパーコンピュータ
Supercomputer

速効 KEY POINT
- □高速で計算処理を行うコンピュータ
- □理研の「京」が2019年8月運用停止
- □後継機の「富岳」が21年から運用開始予定

　高速計算を行うコンピュータで、**スパコン**と略される。医学・科学・産業分野などで活用され、各国が開発にしのぎを削っている。日本で開発された**スパコン**は、「地球シミュレータ」が2002〜04年に世界の**スパコン**速度ランキング「TOP500」で世界最速となり、11年には理化学研究所（理研）の「京（けい）」が世界一となった。「京」は19年8月に運用を停止。理研と富士通が共同開発した後継機の「富岳（ふがく）」が21年に運用を始める予定。「富岳」は「京」の100倍の性能をもち、19年11月には試作機が**スパコン**の省エネ性能世界ランキング「Green500」で第1位となった。

量子コンピュータ
Quantum Computer

- 量子力学の理論に基づく次世代コンピュータ
- スパコンをはるかにしのぐ高速計算が可能に
- 一部で実用化が実現

　ミクロの世界を扱う量子力学の理論を用いた次世代コンピュータ。従来のコンピュータは「0」と「1」の組み合わせによる2進法で計算されるが、量子力学の理論では「0」でもあり「1」でもある「重ね合わせ」という現象が存在する。「重ね合わせ」による並列計算を行うことで、**スーパーコンピュータ**をしのぐ高速計算が可能に。ただ超低温での量子の動作を利用するので、実用化に向けたハードウェアの開発が難しい。2011年にカナダのベンチャー企業が一部実用化に成功。アメリカや中国では巨額の予算をもとに研究が進む。日本では政府の国家戦略として**39**年以降に実用化するとしている。

4K/8Kテレビ放送

- 2018年に始まった「超高精細映像」放送
- 4Kは画素数がフルハイビジョンの4倍に
- 受信には専用のチューナーなどが必要

　2018年12月より、**4K/8Kテレビ放送**が開始された。**8K**の実用放送は世界初となる。**4K**放送はNHKと、民法キー局のBSやCS計16チャンネル、**8K**放送はNHKのBSで開始。**4K**、**8K**とは横の画素数を指し、それぞれ約4000、約8000のこと。これまでのフルハイビジョン（2K）映像は、横×縦で約200万画素だが、**4K**では約800万画素、**8K**では約3300万画素の「超高精細映像」を実現する。受信にはチューナー内蔵のテレビや、専用のチューナーなどが必要となる。政府は東京五輪・パラリンピックまでに**4K**の普及率を50％にするとしていたが、普及は進んでいない。

DATA 2019年10月、米グーグル社は、開発中の**量子コンピュータ**がスパコンで1万年かかる計算を約200秒で終えたと発表。計算速度はスパコンの15億倍に。

TOPICS

原子力

赤シートで答えを隠してトライ！

□Q1　核燃料サイクル

日本では核燃料の再利用を、高速増殖炉「（**もんじゅ**）」と、通常の軽水炉でプルトニウムを燃やすプルサーマルの両輪で行う予定だった。しかし、「（**もんじゅ**）」は稼働のめどが立たず、2016年12月に廃炉が決定した。

□Q2　原子力発電のしくみ

原子炉内で核分裂の連鎖反応を起こすとエネルギーを放出する。このときの熱で発電する。原子炉の種類は、沸騰水型、加圧水型、（**MOX燃料**）を（**プルトニウム**）に変換する高速増殖炉などがある。

□Q3　放射線の人体への影響

放射線は細胞内の（**DNA**）を破壊するため、大量に被曝すると、がんや白血病など、人体に悪影響をもたらす。

核燃料サイクルのイメージ

ウラン燃料

MOX燃料

原子力発電所

プルトニウム
すでに国内外に
約45.7トン

使用済み
核燃料

「もんじゅ」の
廃炉が決定

高速増殖炉

廃棄物
めどが
立っていない

再処理工場

高レベル放射性廃棄物
最終処分場

日本の原発と地震を起こすプレートの位置

地球の表面を覆うプレート（岩板）とプレートの押し合いでたまったエネルギーが、一気に放出されることで地震は起こる。4つのプレートに囲まれ地震が多発する日本の原発保有数は、アメリカ、フランスに次いで世界第3位の多さ

＊原発基数は廃炉を含む。ただし1998年に廃炉となった東海（1基）と建設中の原発は含まない。

放射線の種類と透過力

放射線の種類によって透過力は異なる。たとえば、α線は紙1枚で遮蔽できるが、中性子線を遮蔽するには大量の水や厚いコンクリート壁が必要になる

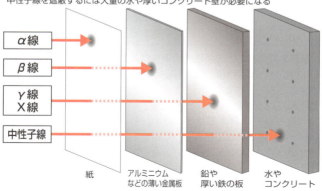

DATA 高速増殖炉「もんじゅ」は廃炉が決定したが、政府は使用済み核燃料を再利用する核燃料サイクルの維持と推進を表明している。

BASIC 基本 19 もんじゅ
Monju Nuclear Power Plant

速効 KEY POINT
- □核燃料サイクル施設の高速増殖炉
- □より多くの核燃料を生み出す計画だった
- □2016年12月に廃炉が決定

　福井県敦賀市にある高速増殖炉。**核燃料サイクル**施設のひとつで、MOX燃料を燃やす過程でウランを**プルトニウム**に変換し、より多くの核燃料を生み出すとされた。1991年に試運転を開始したが、トラブルを繰り返し、2010年以降は稼働していない。12年に大量の機器点検漏れが発覚し、13年に運転準備の禁止が命じられた。新たな運営主体が見つからず、再稼働の費用も莫大になることから、16年12月に政府は廃炉を決定。18年3月には原子力規制委員会が廃炉計画を了承した。計画では47年までの30年で廃炉を完了させる予定で、19年9月に使用済みMOX燃料取り出しが始まった。

BASIC 基本 20 プルサーマル
Plutonium Thermal Use

速効 KEY POINT
- □使用済み核燃料からのプルトニウムの再利用
- □ウランと混ぜてMOX燃料をつくる
- □高浜原発3、4号機など4基で実施

　原子力発電所から出る使用済み核燃料から**プルトニウム**を取り出し、ウランとの混合酸化物であるMOX燃料に加工後、再び軽水炉で燃やすこと。日本における**核燃料サイクル**（**プルトニウム**やウランの再利用）の軸で、資源の有効利用と核開発が可能な**プルトニウム**の消費が目的。日本では2009年から**プルサーマル**発電を開始（MOX燃料は海外から輸入）しているが、20年3月現在、MOX燃料を使っているのは高浜原発3、4号機と伊方原発3号機、玄海原発3号機の4基。**プルサーマル**では大量の**プルトニウム**を消費できないため、**核燃料サイクル**を継続することは難しいと考えられている。

BASIC 基本 21 六ヶ所再処理工場
Rokkasho Reprocessing Plant

- 青森県六ヶ所村に建設中の核燃料再処理工場。**核燃料サイクル**における重要施設で、使用済み核燃料から**プルトニウム**を取り出す。
- 2006年3月から試運転を開始したが、トラブルが続出し、完成の延期が繰り返された。現在の完工予定は21年度。
- 再処理工場が完成すると年間800トンの処理能力をもつ。日本原燃は21年度下期からの稼働を前提として、22年度に320トンの再処理を行う計画を**原子力規制委員会**に提出した。

BASIC 基本 22 高速炉
Fast Reactor

- 政府は高速増殖炉「**もんじゅ**」の廃炉を決定したが、**高速炉**の開発は継続。2018年12月に実用化の時期を21世紀後半とする工程表を正式決定した。一方、共同開発に参加していたフランスの**高速炉**「アストリッド」は19年8月に「計画中止」が報じられた。
- **高速炉**は、放射性物質に高速の中性子をぶつけ、別の物質に変換させる施設。廃棄物の量や危険性を減らすことができるが、実用化のめどは立たない。米英独などはすでに**高速炉**開発から撤退。

BASIC 基本 23 放射線
Radiation

- **放射線**は、放射性物質が放射性崩壊を起こす際に放出され、α線やβ線、γ線、**中性子線**などがある。**放射線**はDNA分子を損傷させるため、大量に被曝すると人体に有害な影響が出る。
- α線は陽子2個、中性子2個からなり高エネルギーだが紙1枚で遮蔽できる。β線は電子で、アルミニウムなどの薄い金属板で遮蔽が可能。γ線は波長の短い電磁波で、遮蔽には鉛の板が必要。**中性子線**の遮蔽には大量の水や厚いコンクリート壁が必要となる。

DATA 日本が保有する**プルトニウム**は2018年末時点で国内外合計約45.7トン。同年7月、政府はエネルギー基本計画を改定し保有量削減の方針を明記した。

TOPICS

バイオテクノロジー

赤シートで答えを隠してトライ！

☐Q1　万能細胞
万能細胞とは、同じ組織にしか成長できない通常の体細胞と違い、臓器、筋肉、骨、皮膚などすべての部位に成長できる能力をもつ細胞のこと。受精卵からつくる（**ES細胞**）や、体細胞に遺伝子を組み込むことによってつくられる（**iPS細胞**）などがある。

☐Q2　iPS細胞の特徴
iPS細胞は、患者自身の細胞からつくれるため、移植の際の（**拒絶反応**）が起こらない。また、倫理上の問題も生じにくい。

☐Q3　ゲノム編集
ゲノム編集とは、生物の遺伝情報（＝ゲノム）を書き換える（**遺伝子**）操作技術。農作物のゲノム編集は幅広く行われている。ヒトの（**遺伝子**）のゲノム編集は安全面や倫理上の問題から規制されている。

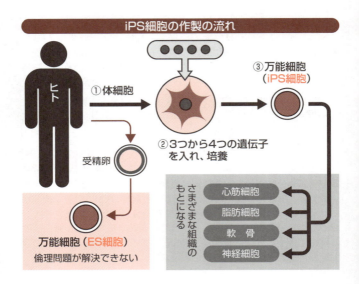

iPS細胞の作製の流れ

iPS細胞（人工多能性幹細胞）
Induced Pluripotent Stem Cell

速効 KEY POINT
- □ ES細胞につづく新たな万能細胞
- □ 京大の山中教授のチームが作製に成功
- □ 初の臨床実験、移植手術も行われた

5 科学・技術 ●バイオテクノロジー●

　神経や心筋など、あらゆる細胞に分化する能力をもつ細胞が**万能細胞**で、再生医療実現の鍵とされている。これまで**万能細胞**の研究は**ES細胞（胚性幹細胞）**が中心だったが、2006年に京都大学の山中伸弥教授のチームが、マウスの体細胞から**万能細胞**を作成。07年にヒトの皮膚細胞からの作成にも成功した。これが**iPS細胞**で、細胞に複数の遺伝子を組み込んで作られる。自分の体細胞を利用するため、再生医療の移植時に拒絶反応がない。14年には世界初の移植手術が行われ、17年には他人から作った**iPS細胞**の移植も成功。19年には日本で軟骨再生シートが先端医療として認められた。

ゲノム編集
Genome Editing

速効 KEY POINT
- □ 人工酵素を利用する新しい遺伝子操作技術
- □ 医療研究や品種改良に利用されている
- □「デザイナーベビー」誕生の危険性が指摘される

　遺伝子の一部を人工の酵素によって切り取ったり書き換えたりする新しい遺伝子操作技術。2012年に「**CRISPR/Cas9**（クリスパー キャス）」という手法が開発され、研究が普及。狙った遺伝子を効率よく操作できるため品種改良など幅広い分野で利用され、医療への応用も模索されている。しかし、**ゲノム編集**がヒトに応用されると、親が望むような特徴をもった「デザイナーベビー」が誕生する懸念もある。18年11月には中国の科学者が**ゲノム編集**を施した受精卵から双子を誕生させたと発表し、世界各国から批判を受けた。19年12月に中国の裁判所はこの科学者に懲役3年と罰金刑を言い渡した。

DATA 「CRISPR/Cas9」は、ガイドRNAの「**クリスパー**」が標的の遺伝子まで誘導し、「**キャスナイン**」という酵素がその遺伝子を切断する技術。

26 チバニアン
Chibanian

- 地球は巨大な磁石であり、過去にはN極とS極が入れ替わる、地磁気の逆転現象が何度も起きており、千葉県市原市にある地層には最後の地磁気逆転（77万年前）の痕跡が残されている。
- 2020年1月、同市の地層が77万年前〜12万6000年前（**中期更新世**）の地質年代を代表する国際標準模式地に認定され、「**チバニアン（千葉時代）**」と命名された。地質年代に日本の地名が付けられたのは初めて。

27 リチウムイオン電池
Lithium-ion Rechargeable Battery

- エネルギー密度が高く、小型軽量化できるため、スマートフォンやノートパソコンなどに広く使われている充電可能な二次電池。電気自動車や人工衛星にも採用されている。
- 2019年のノーベル化学賞を受賞した**吉野彰**氏は、**リチウムイオン電池**の負極に炭素材料を採用し、発火しやすかった欠点を克服。
- 太陽光発電など再生可能エネルギーで発電した電気が余る場合に、充電しておくバッテリーとしても有望視されている。

28 自動運転車
Autonomous Car

- **自動運転車**については、レベル0〜5まで6段階が定義されており、すべての運転操作が自動で行われる「完全自動運転システム」はレベル4以上に当たる。レベル4以上ではカメラやセンサーが周囲の状況を把握し、運転を**人工知能（AI）**が支援する。
- 各国で開発が進められており、米グーグル傘下のウェイモ社は2018年12月に**自動運転車**で乗客を運ぶサービスを開始。中国は25年までにレベル3の「条件付き**自動運転車**」の量産化をめざす。

6

地球・環境

■勉強のポイント
①最重要テーマとなる温暖化問題を詳しく知ろう
②深刻化する環境破壊問題を理解しよう
③ゴミ問題や新エネルギーの知識を頭に入れよう
④自然界に起こっている生態系の変化を知ろう

重 要 項 目

Check1
基本
地球温暖化は世界の環境にどんな影響をもたらす？（→P142の1）

Check2
最新
2016年に発効したパリ協定の内容は？
（→P143の4）

Check3
基本
世界の異常気象や日本の暖冬の原因とされる現象は？（→P147の12）

Check4
基本
火力発電や原子力発電と異なり、資源を繰り返し利用できるエネルギーを何という？（→P149の13）

Check5
基本
レッドリストとは何のリストのこと？
（→P152の18）

TOPICS

温暖化

赤シートで答えを隠してトライ！

☐Q1　地球温暖化をもたらす原因物質
地球温暖化は（二酸化炭素）やメタン、フロン、一酸化二窒素などの温室効果ガスが大気中に増加することで主に引き起こされると考えられている。

☐Q2　現在の温暖化対策
2012年に（京都議定書）の8年間の延長が決定し、13年から第2期に入った。EUが中心となり、（日本）とカナダ、ロシアは不参加。（日本）は独自の目標を設定し、温暖化対策に取り組む。

☐Q3　新しい温暖化対策の国際的枠組み
2015年のCOP21で、温暖化対策の国際的枠組みである（パリ協定）が採択された。これにより、20年から世界各国が温暖化対策を行う。（アメリカ）が19年11月に正式に離脱したため、EUと中国が主導するかたちとなっている。

主要国の温室効果ガス削減目標案

国　名	削減目標	
中国	2030年までにGDP当たりのCO_2排出を **60－65％削減** ＊2030年前後に、CO_2の排出量のピーク	2005年比
EU	2030年までに**40％削減**	1990年比
インド	2030年までにGDP当たりのCO_2排出を **33－35％削減**	2005年比
日本	2030年までに**26％削減** ＊2030年前後に、CO_2の排出量のピーク	2013年比
ロシア	2030年までに**70－75％に抑制**	1990年比
アメリカ	2025年までに**26－28％削減**	2005年比

出典：国連気候変動枠組み条約に提出された約束草案より抜粋

地球温暖化による世界的な影響の予測

種類	影響の概要
海面上昇	海面水位は21世紀末に最大で82センチ上昇
経済への影響	途上国の多くで経済的な損失、貧富の差が拡大
食糧への影響	穀物の生産量が減り、飢餓を招く
生態系への影響	30%以上の生物が絶滅する可能性がある
健康への影響	栄養失調や伝染病、または熱波や洪水により死亡する危険性が高まる

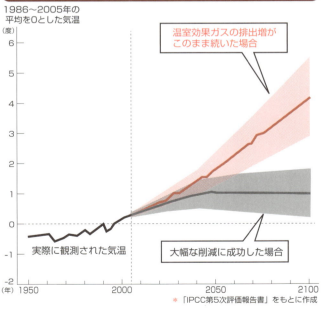

世界の平均気温上昇の予測

* 「IPCC第5次評価報告書」をもとに作成

DATA 2019年9月、国連気候行動サミットで16歳の**グレタ・トゥンベリ**さんが「大人が本気で地球温暖化対策に取り組んでいない」と訴え、注目を集めた。

BASIC 基本 1 地球温暖化
Global Warming

速効 KEY POINT
- □化石燃料の使用などで温室効果ガスが増加
- □気温が上昇し環境に悪影響
- □2018年の温室効果ガス排出量は過去最高に

化石燃料の使用により、二酸化炭素、メタン、フロンなどの**温室効果ガス**が大気中に増加し、地球の気温が高くなる現象。海面水位の上昇など環境や生態系に様々な影響を与える。また、台風や洪水など異常気象の増加も予想されている。各国の科学者でつくる**「気候変動に関する政府間パネル」（IPCC）**は**温暖化**対策が遅れると21世紀末までに世界の平均気温が最大4.8度、海面は最大82cm上昇すると予想。被害の拡大を防ぐため、各国は産業革命以前と比べた気温上昇を2度までに抑える国際目標に合意。だが、2014～16年には横ばいだった**温室効果ガス**排出量は、18年に過去最高となった。

BASIC 基本 2 京都議定書
Kyoto Protocol

速効 KEY POINT
- □気候変動枠組み条約の締約国会議で採択
- □温室効果ガスの排出削減を義務づける
- □第2期から日本は不参加

1997年に**京都**で行われた**気候変動枠組み条約**の第3回締約国会議（COP3）で採択され、2005年2月に発効。先進国に**温室効果ガス**の排出削減を義務づけ、08年から12年までに1990年比で日本は6％、ヨーロッパは8％の**温室効果ガス**の排出削減が求められた。日本を含むほとんどの地域で目標は達成され、一定の成果を上げたが、アメリカの未批准や、中国やインドなど途上国に削減義務がないなどの問題も残った。**京都議定書**は13年から20年まで8年間の延長が決定し、第2期に入った。しかし、日本やカナダ、ロシアは第2期に参加せず、取り組みはEU（欧州連合）が中心となる。

BASIC 基本 3 気候変動枠組み条約締約国会議(UNFCCC-COP)
UN Framework Convention on Climate Change Conference of the Parties

速効 KEY POINT
- □地球温暖化防止のための締約国会議
- □COP3では京都議定書が採択された
- □COP21ではパリ協定が採択された

6 地球・環境 ●温暖化●

　地球温暖化防止の国際的枠組みを定める**気候変動枠組み条約**が1994年に発効した。それ以降毎年開かれているのが**気候変動枠組み条約締結国会議**で、97年に京都で開かれた第3回会議（COP3）では**京都議定書**が採択された。その後、COPでは**京都議定書**に代わる新しい枠組みの内容が議論されるが、途上国に強い規制を求める先進国と、温暖化の原因は先進国にあると主張する途上国との対立も表面化した。2015年12月に開かれたCOP21で新枠組みの**パリ協定**が採択されて途上国も参加することに。18年のCOP24では**パリ協定**の実施指針（ルールブック）が採択された。

NEW 最新 4 パリ協定
Paris Agreement

速効 KEY POINT
- □2020年以降における温暖化対策の枠組み
- □削減目標は各国が独自に設定する
- □19年11月にアメリカが離脱した

　2015年12月に採択、16年11月に発効した**パリ協定**は20年以降の温暖化対策を定めたもの。産業革命前からの気温上昇を2度以下（努力目標は1.5度以下）に抑えることや、**温室効果ガス**の排出を今世紀末までに実質ゼロにすることが目標。すべての国に**温室効果ガス**の削減目標の設定と報告を義務づけ、5年ごとに進捗状況を検証する。ただし、削減目標は各国が独自に定め、目標の達成も義務ではない。日本は「30年までに13年比で26％削減」という中期目標を設定。19年11月にアメリカが**パリ協定**から正式に離脱したが、中国やインドは**パリ協定**を遵守すると発表している。

DATA 「気候変動に関する政府間パネル」（IPCC）によれば、1880年から2017年までの間に世界の地上気温は平均1度上昇した。

5 NEW 最新 カーボン・プライシング
Carbon Pricing

- 二酸化炭素（CO_2）の排出量に値段をつけ、排出に費用がともなうことでCO_2削減を誘導する仕組み。代表的な手段としては**排出権取引**と炭素税が挙げられる。
- 2018年5月時点で70の国・地域が導入済み。日本では2012年に炭素税の一種である「**地球温暖化対策税**」が施行された。環境省は**パリ協定**の目標達成のため追加制度の導入に積極的だが、経済産業省は必要ないとして消極的な姿勢をとっている。

6 BASIC 基本 排出量取引
Emission Trading

- カーボン・プライシングのひとつで、二酸化炭素など**温室効果ガス**の排出権を売買すること。排出量を目標より少なくできた企業・国は余った排出権を売ることができる。
- 欧州は2005年から**排出量取引**を開始。世界の約70カ国・地域が導入しており、韓国は15年に、中国も17年12月から全土で開始。
- 日本では、東京都と埼玉県が実施。環境省は全国レベルでの導入を求めているが、経済産業省や産業界は導入に消極的。

7 BASIC 基本 気候変動に関する政府間パネル
Intergovernmental Panel on Climate Change / IPCC

- 気候変動に関する最新の科学的知見をまとめ、各国の政策決定者に報告する機関。1988年設立。2007年にノーベル平和賞受賞。
- 90年の第1次から数年ごとに報告書を発表。2014年に提出された第5次統合報告書では「**温暖化**は疑う余地がない」などと分析。
- 18年10月には特別報告書を公表。早ければ30年にも産業革命前からの平均気温上昇が1.5度に達するとした。一方で、1.5度の上昇に抑えれば、2度上昇よりも環境被害を減らせることも指摘。

TOPICS

環境

赤シートで答えを隠してトライ！

□Q1 ラムサール条約
水鳥とその生息する（**湿地**）の保護を目的とした条約で、日本も1980年に加盟し、2020年3月現在、52カ所を登録している。

□Q2 重大な気象災害に対する警報
注意報、警報を超える被害が予想される気象災害について、気象庁は新しい防災気象情報である（**特別警報**）を導入した。

□Q3 微小な大気汚染物質
アジアやアフリカでは大気汚染が深刻化。汚染物質のなかでも直径が2.5マイクロメートル以下のものを（**PM2.5**）といい、日本への飛来が問題視されている。

□Q4 エルニーニョ現象
エルニーニョ現象は東太平洋の赤道付近で海水の温度が（**高く**）なる現象で、異常気象の原因となる。

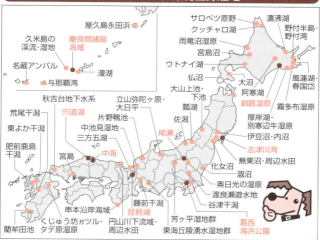

日本のラムサール条約登録湿地

DATA　2024年度導入の森林環境税は**地球温暖化**防止や国土保全を目的とし、森林の整備に利用される。市町村の住民税に1人当たり約**1000**円が上乗せされる。

BASIC 基本 8 ラムサール条約
Ramsar Convention

- □水鳥とその生息地である湿地の保護が目的
- □イランのラムサールで採択された
- □日本は釧路湿原や阿寒湖、尾瀬などを登録

　正式名称は「特に水鳥の生息地として国際的に重要な**湿地**に関する条約」。渡り鳥などの水鳥と生息地である**湿地**の保護が目的。1971年にイランの**ラムサール**で採択、75年に発効された。締約国は最低１カ所の**湿地**登録と、その保全を義務とする。99年には水鳥の生息地以外の**湿地**も登録が可能になった。登録には国の法律で自然環境が保全されていることが条件となる。日本は80年に釧路湿原の登録とともに加盟。以後、阿寒湖、尾瀬など、締約国会議ごとに登録**湿地**を増やしてきた。2018年10月には、東京都の葛西海浜公園など２湿地を新たに登録。日本の登録湿地は計**52**カ所となった。

BASIC 基本 9 特別警報
Emergency Warning

- □警報を超える防災気象情報
- □2013年８月から導入された
- □重大な被害が予想される場合に発表される

　特別警報は気象庁が出す防災気象情報で、注意報や警報の範囲を超え、重大な被害が予想される場合に発表される。2013年５月に改正された気象業務法で新設され、同年８月から導入された。基本的に都道府県単位で発表され、「**数十年**に１度」の現象が発表の基準となる。対象となる気象は大雨・暴風・高潮・波浪・暴風雪・大雪の６種類。気象以外では地震・津波・火山の噴火が対象となる。**特別警報**の発表時は、都道府県は市町村に、市町村は住民への周知が義務づけられている。**特別警報**は都道府県単位での発表のため、局地的な豪雨などに対応できないという問題も指摘されている。

BASIC 基本 10 PM2.5
Particulate Matter 2.5

- 大気汚染物質のうち直径が**2.5**マイクロメートル以下のもの。車や工場の排ガスに含まれ、肺がんや喘息(ぜんそく)を引き起こす恐れがある。
- 2009年に環境省は、1日平均で1立方メートル当たり35マイクログラム以下とする環境基準を設定。13年2月、1日平均70マイクログラムを超える場合、**外出自粛**を呼びかける指針を決定。
- 民間機関の2019年版報告書では、世界で大気汚染が深刻なのは南アジア、東南アジア、中東。都市別ではインドが上位を占めた。

NEW 最新 11 ジオパーク
Geopark

- 地質学的に貴重な地形や岩石、火山などを備えた自然公園のこと。保護と、教育・普及活動を図る目的で認定される。
- 2019年4月現在、国連科学教育文化機関(ユネスコ)は世界41カ国147地域を「世界**ジオパーク**」に認定。また、日本国内でも有識者による委員会が「日本**ジオパーク**」の認定を行っている。
- 日本国内では、18年4月に伊豆半島が9カ所目の世界**ジオパーク**として認定された。他に洞爺湖有珠山、糸魚川、阿蘇などがある。

BASIC 基本 12 エルニーニョ現象
El Niño

- 東太平洋の赤道付近で海水の温度が高くなる現象。世界的な異常気象を引き起こす。日本には暖冬や冷夏をもたらす。
- クリスマスの頃に発生することが多く、スペイン語で「神の子」を意味する「**エルニーニョ**」と名づけられた。
- 2018年11月、約2年ぶりに**エルニーニョ現象**が発生。前回、14年夏から16年春まで続いた**エルニーニョ現象**は各地で異常気象を引き起こし、16年の世界平均気温は観測史上最高を記録した。

DATA 東太平洋の海水温度が低くなる「**ラニーニャ現象**」、インド洋の海水温度が東側で低くなり西側で高くなる「**ダイポールモード現象**」も異常気象を引き起こす。

TOPICS

ゴミ・リサイクル・省エネ

赤シートで答えを隠してトライ！

☐ Q1　再生可能エネルギーの導入
（太陽光）、地熱、風力、波力、バイオマスなどの再生可能エネルギーの特徴として（二酸化炭素）を排出しないことがあげられる。2012年には再生可能エネルギーによる発電分の固定価格買い取り制度が始まり、（太陽光発電）の普及が進んだ。

☐ Q2　世界的な海洋汚染問題
海に流出したプラスチックゴミが、微細な粒子になったものを（マイクロプラスチック）という。有害物質を吸着するため、生態系への悪影響が懸念される。

☐ Q3　RoHS指令とREACH規則
欧州の環境物質に対する厳しい規制。RoHS指令は（電気・電子機器）に鉛、水銀、カドミウム、六価クロムなどの使用を禁止。REACH規則は使用している化学物質に関する登録規則である。

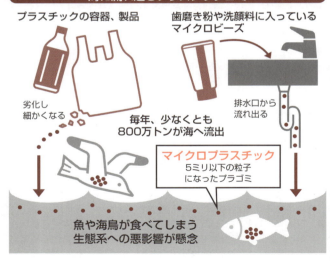

海に流れ込むプラスチックゴミ

BASIC 基本 13 再生可能エネルギー
Renewable Energy

□太陽光、地熱、風力、波力など
□二酸化炭素や放射性廃棄物を排出しない
□固定価格買い取り制度（FIT）が普及に貢献

太陽光、地熱、風力、波力など、資源が有限でないエネルギーを**再生可能エネルギー**という。バイオエタノールなどのバイオマス（生物起源のエネルギー）、水力発電も含まれる。温暖化の原因の二酸化炭素や放射性廃棄物を排出しない点などが特徴。福島第一原発事故後、原発の稼働が難しくなったことと地球温暖化対策から、政府は普及を促す。2012年7月から**再生可能エネルギー**による発電分を電力会社が固定価格で買い取る制度（FIT）が開始。太陽光発電などの**再生可能エネルギー**の普及に貢献したが、電気料金を通して国民が買取費用を負担するため、制度の見直しが検討されている。

BASIC 基本 14 エネルギー基本計画

□国のエネルギー政策の指針
□原発を「ベースロード電源」と位置づける
□改訂で再生可能エネルギーが「主力電源化」

国の中長期的なエネルギー政策の指針。2003年に初めて策定され、3年ごとに見直しが行われる。福島第一原発事故により民主党前政権は「30年代までに原発ゼロ」の方針を決定したが、安倍政権は経済重視の立場から「原発ゼロ」方針を撤回。14年に閣議決定された第4次**エネルギー基本計画**では、原発を安定的に電力が供給できる「**ベースロード電源**」と位置づけるなど再稼働の推進が明記された。18年に改訂された第5次**エネルギー基本計画**では、再生可能エネルギーの「主力電源化」が明記された。一方、原発については「**ベースロード電源**」を維持し、当面活用する方針を掲げている。

DATA 2013年10月、水銀を規制する国際条約が誕生した。日本の提案で名称は「**水俣条約**」に。日本は16年2月に条約に批准し、17年8月に発効した。

15 マイクロプラスチック（MP）
Microplastics

- 海に流出したプラスチックゴミが、波や紫外線などで砕けて5ミリ以下の粒子になったものを**マイクロプラスチック（MP）**という。微細なため回収が難しく、分解されにくい。有害物質が吸着し、魚に取り込まれることなどで生態系への悪影響が懸念される。
- 年間800万トンものプラスチックゴミが流出。2018年のG7サミットではリサイクルの数値目標などを定めた「**海洋プラスチック憲章**」がまとめられたが、日本とアメリカは署名を見送った。

16 RoHS指令とREACH規則
RoHS Directive/REACH

- 欧州における厳しい環境物質規制で、輸出時に注意が必要。
- **RoHS指令**は2006年7月に始まり、電気・電子機器に鉛、水銀、カドミウム、六価クロムなどの6物質を使用することを禁じた。15年6月にはさらに4つの禁止物質が追加された。
- **REACH規則**は07年6月に施行。EU向けに輸出する化学製品に含まれる化学物質が年間1トン以上の場合、欧州化学品庁に登録する必要がある。

17 代替フロン
CFC's Substitutes

- フロンはフッ素と炭素などの化合物。かつて冷蔵庫やエアコンの冷媒として使用された「特定フロン」はオゾン層を破壊するため、1989年発効のモントリオール議定書で生産・使用が禁止された。
- **代替フロン**は、特定フロンに替わって冷媒として普及。オゾン層は破壊しないが、温室効果が二酸化炭素の最大1万倍にもなる。
- 2016年に議定書が改定され、**代替フロン**も規制の対象に（19年1月発効）。先進国は36年までに生産・消費量を**85**％削減する。

TOPICS

生態系

赤シートで答えを隠してトライ！

☐Q1　絶滅の恐れのある動植物リスト

国際自然保護連合（IUCN）の2019年発表によると、絶滅危惧種は3万178種がリストアップされている。この「絶滅の恐れのある動植物リスト」のことを（レッドリスト）という。

☐Q2　日本が商業捕鯨を再開

2018年12月、日本は（国際捕鯨委員会（IWC））からの脱退を表明。（IWC）はクジラ資源を管理する国際組織で、1982年に商業捕鯨の一時停止を決定。日本は再開を求めていたが、18年9月の総会で否決された。日本は19年7月から商業捕鯨を再開した。

☐Q3　生物多様性を模索する国際会議

生物多様性条約締約国会議では、生態系、種、（遺伝子）の3つのレベルにおいて生物多様性の維持とその利用が議論されている。

6 地球・環境 ●ゴミ・リサイクル・省エネ・生態系●

レッドリスト2019掲載の絶滅種と絶滅の恐れのある種

分　類		種の数	近年の代表例
絶滅種	絶滅 Extinct（EX）	877	ブランブル・ケイ・メロミス／キタシロサイ／ピンタゾウガメ／ワキアカカイツブリ／オレンジヒキガエル
	野生絶滅 Extinct in the Wild（EW）	73	
	計	950	
絶滅危惧種	深刻な危機 Critically Endangered（CR）	6,413	アメリカアカオオカミ／ジャワサイ／タイマイ／ヨウスコウカワイルカ／ベンガルハゲワシ／ジャマイカツチイグアナ／シロナガスクジラ／ベンガルトラ／ヒラシュモクザメ／ジャイアントパンダ／タスマニアンデビル／ホホジロザメ
	危機 Endangered（EN）	10,629	
	危急 Vulnerable（VU）	13,136	
	計	30,178	

出典：IUCNレッドリスト2019-3等をもとに作成

DATA 国連の科学者組織は、アジア・太平洋地域の、沿岸や海での過度な養殖や乱獲を批判。乱獲のため2048年までに漁獲可能な魚がいなくなると警告している。

151

BASIC 基本 18 レッドリスト／レッドデータブック
Red List / Red Data Book

- 各国政府や環境保護団体などでつくる**国際自然保護連合（IUCN）**が1966年以来作成してきた「絶滅のおそれのある動植物リスト」を**レッドリスト**という。
- それについて記載した本を一般に**レッドデータブック**という。また各国（日本では環境省）や各県が独自に作成したものもある。
- 2019年の「**IUCNレッドリスト**」では、絶滅危惧種とされた種の数は3万178種で、初めて3万種を超えた。

NEW 最新 19 国際捕鯨委員会（IWC）
International Whaling Commission

- クジラの資源管理を担う国際組織で1948年に設立。日本は51年に加盟。シロナガスクジラなど大型の13種を管理対象とする。
- 82年に**IWC**はクジラ資源の枯渇を理由に商業捕鯨の一時停止を決定。以後、日本など捕鯨再開を求める国と反捕鯨国が対立。
- 日本は2018年9月の総会で商業捕鯨の再開を訴えたが、否決。同年12月に**IWC**からの脱退を表明した。政府は19年7月から商業捕鯨を開始したが、国際社会からの反発も大きい。

NEW 最新 20 生物多様性条約締約国会議（CBD-COP）
Convention on Biological Diversity Conference of the Parties

- **生物多様性条約**は1993年に発効。生態系、種、遺伝子の3つのレベルで生物多様性を考察し、生物多様性の保存や構成要素の持続可能な利用、遺伝資源から生ずる利益の公正な配分などを目指す。
- 2010年に愛知県で開催の第10回締約国会議（COP10）で遺伝資源の利用と配分に関する「名古屋議定書」を採択（14年発効、日本は17年批准）、20年までの行動計画を定めた「**愛知目標**」に合意。20年の第15回締結国会議（COP15）で新目標を策定する。

社会・生活

■勉強のポイント
①被害が長期化する原発事故の影響を知る
②話題になった社会問題を確認しよう
③医療分野で注目されるキーワードをおさえる
④教育をめぐる諸問題とその対策を理解する

重要項目

☐ **Check 1** 最新
2019年から運用が始まった5段階の警戒レベルは何の反省から生まれた？（→P157の3）

☐ **Check 2** 最新
団塊の世代とは何年から何年生まれの世代？（→P158の5）

☐ **Check 3** 基本
「LGBT」とはどのような立場から何を指す略語？（→P163の16）

☐ **Check 4** 基本
マイナンバーは何のための制度？（→P164の19）

☐ **Check 5** 最新
「大学入学共通テスト」の記述式及び英語の4技能試験はどうなった？（→P176の42）

TOPICS

社会問題

赤シートで答えを隠してトライ！

□Q1　東日本大震災の被災者
2020年3月時点で死者1万5899人、行方不明者2529人。時間の経過とともに、間接的な要因で亡くなる（震災関連死）の問題も深刻に。

□Q2　少子高齢化に対応する政策パッケージ
2020年度から年収約590万円未満の世帯に一律で、（私立高校）の授業料の平均にあたる39万6000円までが補助される。

□Q3　個人情報を一元管理
個人情報を一元管理するため、国民1人ごとに固有の番号をつける制度。（マイナンバー）制度ともいう。

□Q4　国の基本統計調査
総務省統計局が5年に1度行う国の基本的な統計調査を（国勢調査）という。国内の全人口を国籍に関係なく調査する。

避難指示区域と各区域の人口／世帯数

避難指示区域の解除
※帰還困難区域を除く

2014年	4月1日	田村市
2015年	9月5日	楢葉町
2016年	6月12日	葛尾村※
	6月14日	川内村（14年10月1日に一部解除）
	7月12日	南相馬市※
2017年	3月31日	飯舘村※、川俣町、浪江町※
	4月1日	富岡町※
2019年	4月10日	大熊町※
2020年	3月4日	双葉町※
	3月4～10日	JR常磐線の線路、双葉駅、大野駅、夜ノ森駅の駅舎及び周辺一部

※右の地図は2020年3月10日時点。経済産業省の資料による

伊達市
川俣町
飯舘村
南相馬市
二本松市
葛尾村
浪江町
田村市
双葉町
大熊町
川内村
富岡町
楢葉町
小野町
いわき市
広野町

福島第一原子力発電所
福島第二原子力発電所

帰還困難区域
旧避難指示区域

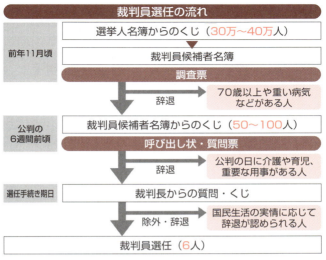

DATA 2019年12月時点で生活保護を受けている高齢者世帯は過去最多の**89万6335**世帯。そのうち単身世帯は同じく過去最多の**82万970**世帯。

東日本大震災

2011 Tohoku Earthquake and Tsunami

- □ 2011年3月11日、三陸沖で巨大地震が発生
- □ 巨大津波が太平洋沿岸を襲う
- □ 戦後最悪の自然災害

　2011年3月11日、東北・三陸沖で巨大地震（平成23年東北地方太平洋沖地震）が発生した。地震の規模は日本観測史上最大のマグニチュード**9.0**。地震直後、宮城、岩手、福島を中心に太平洋沿岸を最大波高10m以上の巨大津波が襲い、沿岸部の都市は壊滅的な打撃を受けた。2020年3月時点で死者1万5899人、行方不明者2529人。死者数は阪神・淡路大震災を上回り、戦後最悪の自然災害となった。避難・転居者も現在でも7万人を超える。震災から時間が経つにつれ避難生活で体調を崩すなどして亡くなる「**震災関連死**」の問題も深刻で、3739人（19年9月末現在）を超えている。

福島第一原発事故

Fukushima I Nuclear Accident

- □ 冷却機能喪失から放射性物質の漏出事故に
- □ 2011年12月に「冷温停止状態」となる
- □ 8年目にしてようやく燃料デブリに接触

　東京電力福島第一原子力発電所は、東日本大震災により核燃料の冷却機能が喪失、炉心溶融や施設建屋の損壊などが起こり、放射性物質の漏出事故に発展。国際原子力・放射線事象評価尺度（INES）で最悪の「レベル**7**」に分類される事故となった。2011年12月に「冷温停止状態」が宣言されたが、13年4月からは大量の**汚染水**の漏出が相次いで発覚。15年4月からのロボットによる格納容器の調査も、放射線の影響で失敗が続く。19年2月、2号機格納容器内の溶融燃料（燃料デブリ）に特殊な装置を使い初めて接触。国と東電は21年に2号機でのデブリ取り出しを始める予定。

NEW 最新 3 警戒レベル

速効 KEY POINT
- □ 2018年西日本豪雨の反省が背景
- □ 19年から運用開始
- □ 5段階でリスクの度合いを示す

　警報、注意報、避難指示・避難勧告などの防災気象情報が複雑でわかりづらく、住民の避難行動に結びついていない実態が2018年の西日本豪雨で明らかに。そのため国は19年から、豪雨で土砂災害や洪水の危険が予想される際、5段階の**警戒レベル**でリスクの度合いを端的に示し、住民に避難の決断を促す運用を始めた。そのうち、**警戒レベル3**は自治体から避難準備・高齢者等避難開始が発令される段階、**警戒レベル4**は避難勧告が発令される段階に相当する。最高の**警戒レベル5**はすでに災害が発生している状態とされ、「命を守るための最善の行動」をとるように呼びかけられる。

NEW 最新 4 8050問題

速効 KEY POINT
- □ 40〜64歳の引きこもりが61万3000人
- □ 50代の引きこもりを80代の親が支える
- □ 社会福祉法など関連法改正案を閣議決定

　内閣府の15年調査に基づく推計では、15〜39歳の引きこもりは約54万人。これに対して内閣府は19年3月、40〜64歳で引きこもり状態にある人が61万3000人に上るとの数字を発表。従来は若者の問題と思われていた引きこもりが、中高年層に拡大している実態が明らかになった。さらに、**50**代の引きこもりを**80**代の親が支え、ともに生活が困窮する**8050問題**が顕在化。政府は20年3月、介護が必要な高齢者や引きこもりへの支援を強化する社会福祉法など関連法改正案を閣議決定。相談支援窓口などの配置を通じて、こうした人々の孤立防止に向けた地域作りにつなげたい考えだ。

DATA　5段階の**警戒レベル**のうち、**警戒レベル1**は災害への心構えを高めることが、**警戒レベル2**はハザードマップ等による避難行動の確認が促される。

2025年問題

- □1947～49年生まれの団塊の世代
- □社会保障費の増大など未曾有の社会現象
- □高齢者人口のピークは2042年

2025年は、1947～49年に生まれた、人口のボリュームゾーンであるいわゆる「**団塊の世代**」全員が、75歳以上の後期高齢者になる年。人口の**5**人に**1**人にあたる**2179万**人と推計されている。社会保障費（介護、福祉、医療、年金）は、15年度の119.8兆円から**148.9兆**円になるとも予測され、高齢者のみの世帯の増加、認知症患者の増加、大都市の急激な高齢化が進む。さらに42年には65歳以上の高齢者数が最も増えて推計**3935万**人に達する。**2.8**人に**1**人が高齢者という計算になる。政府は社会保障費を削るのに必死だが、目の当たりの現実に向き合っているとは言い難い。

高齢ドライバー

- □**重大な死傷事故が社会問題化**
- □高齢者ほど死亡事故を起こす割合が高い
- □政府は自動ブレーキの搭載を義務づける方針

高齢ドライバーが引き起こす重大な死傷事故が社会問題化している。特に2019年4月に当時87歳の男性が乗用車を暴走させ母子2人を死亡・9人を負傷させた事件が、社会に大きな衝撃を与えた。20年2月に警察が発表したところでは、19年に起きた75歳以上のドライバーによる死亡事故は前年比59件減の401件。免許人口10万人あたりの死亡事故件数は75歳未満3.1件に対し、75歳以上**6.9**件、80歳以上**9.8**件に上った。死亡事故全体に占める75歳以上のドライバーの割合は14.4%。政府は国産の新型乗用車を対象に、21年11月から自動ブレーキの搭載を義務づける方向で調整中。

私立高校無償化

- □少子高齢化に向けた政策パッケージ
- □年収590万円未満の世帯に一律に補助
- □公立高校の入試倍率低下

　安倍内閣は2017年12月の臨時閣議で少子高齢化に向けた2兆円規模の政策パッケージを決定。**私立高校**授業料の実質無償化を明記した。現在の授業料の補助は、年収約910万円未満の世帯に対して公立高の授業料にあたる年間11万8800円を支出し、年収約590万円未満で**私立高校**に通う世帯には年収に応じて階段的に額を上乗せしている。20年度からは年収約590万円未満の世帯に一律で、**私立高校**の授業料の平均にあたる39万6000円まで補助を引き上げる。この影響で、東京都立高校の19年度一般入試は平均応募倍率が過去最低の1.40倍。ただし進学校は倍率が上昇。二極化が進む。

裁判員裁判
Lay Judge Trial

- □国民と職業裁判官が評決を下す裁判
- □2009年5月から開始
- □一生涯の守秘義務

　選挙人名簿から無作為に選ばれた国民が、殺人など重大な刑事事件を職業裁判官と審理し評決を下す裁判（一審のみ導入）。裁判官3人、**裁判員**6名で構成、条件付き多数決で判決を下す。開かれた司法を目的とする司法改革の一環で、2009年5月から開始。年間約12万人が**裁判員**候補者となる。特別な理由がない限り拒否できず、裁判内容については一生涯の**守秘義務**がある。制度開始から18年12月までに約8万9000人が裁判員を経験。09年に53.1％だった辞退率は18年には**67.0**％に。事前に証拠や争点を絞り込む公判前整理手続きは、09年の平均2.8カ月から18年は8.2カ月に長期化。

DATA 裁判員は、病気や妊娠、介護、重要な仕事で著しい損害が生じる場合など、**裁判員法**に定める「やむを得ない事由」があれば、辞退が認められる。

9 就活ルール廃止

速効 KEY POINT
- □経団連が加盟企業に求める採用活動の指針
- □外資系企業などは指針にとらわれず形骸化
- □経団連は撤廃するとしたが、政府が介入

就活ルールは、経団連が加盟企業に求めている採用活動の指針。就活の過度な早期化で学業に影響が出ないよう、3年生の3月1日に広報活動、4年生の6月1日に選考活動をそれぞれ解禁し、内定を10月1日と定めている。だが外資系や新興企業は指針にとらわれず採用活動を展開、また罰則がないため加盟企業もこれに追随するなど、形骸化が指摘されてきた。経団連は2018年10月、21年春入社からこの指針を撤廃すると発表。これに対して就活の**早期化**を懸念する大学側が反発、また政府も学生の混乱を避けるため、21年春入社以後もルールを遵守するよう経済団体などに求めている。

10 障害者雇用促進法

速効 KEY POINT
- □一定割合で障害者の雇用を義務づけ
- □2018年から雇用率を引き上げ
- □国・自治体の雇用割合水増しが発覚

障害者雇用促進法は、国、自治体、民間企業などに一定の割合＝法定雇用率に基づいて障害者の雇用を義務づけている。2018年4月から身体・知的障害者に加え、**精神障害者**も義務の対象に。同時に法定雇用率が引き上げられ、国・自治体**2.5**％、民間企業**2.2**％となった。従業員100人超の民間企業が未達だと1人あたり月5万円を国に納めなくてはいけないが、国・自治体にこうした罰則はない。しかし18年8月から、国・自治体が障害者の雇用割合を40年以上水増ししていた問題が発覚し、批判が噴出。これを受け19年6月、再発防止策を盛り込んだ**改正障害者雇用促進法**が成立した。

児童虐待
Child Abuse

- □ 国民に発見や通告が義務づけられている
- □ 身体的虐待、性的虐待、心理的虐待、育児放棄
- □ 児童福祉法の改正

養育者による子どもへの虐待防止と早期保護を目的に、2000年に**児童虐待防止法**が施行され、国民に虐待の発見や通告が義務づけられた。同法が定義する**児童虐待**は身体的虐待、性的虐待、心理的虐待、育児放棄などがある。08年の改正法では児童相談所の立ち入り調査権が強化。16年5月には手続きの簡素化などを盛り込んだ改正が行われた。政府はさらに家庭裁判所の関与を強化する児童福祉法などの改正案を17年6月に成立させた。19年6月にも**児童虐待防止法**、児童福祉法の改正案が成立。児童相談所の体制強化、しつけとしての体罰を親に禁じることなどが盛り込まれた。

7 社会・生活 ● 社会問題 ●

待機児童
Waitlisted Children

- □ 認可保育園に申し込みながら入所できない児童
- □ 「子ども・子育て支援新制度」の開始
- □ 「幼児教育・保育の無償化」の推進

認可保育園に申し込んではいるが、施設の不足などから入所できない児童のこと。政府は2006年、幼保一体型施設「認定こども園」を導入。15年4月からは「**子ども・子育て支援新制度**」が始まり、0〜3歳児未満を預かる少人数の「小規模保育」が、無認可から順次、財政支援を受けられる「**小規模認可保育所**」になっている。19年4月、厚生労働省は18年10月時点の**待機児童**数を4万7198人（参考値）と発表。**待機児童**対策と同時に、政府は0〜2歳児は低所得世帯、3〜5歳児は原則全世帯を無料とする「**幼児教育・保育の無償化**」を19年10月から開始した。

DATA 「**幼児教育・保育の無償化**」の実施で従来の所得に応じて自己負担額が決まる制度がなくなり、所得が高いほど恩恵が大きいとの批判も出ている。

BASIC 基本 13 　18歳成人

□成人年齢を従来の20歳から18歳に引き下げ
□2022年4月から施行
□少年法の適用は20歳未満

　成人年齢を従来の20歳から18歳に引き下げる改正民法が2018年6月に成立。22年4月から施行される。同時に年齢要件の見直しが必要な22の法律の改正も盛り込まれた。飲酒、喫煙、公営ギャンブルは従来通り20歳以上。18歳から親の同意なしでローン契約やクレジットカードの取得が可能になる反面、親の同意のない契約を取り消せる「**未成年者取消権**」は18歳から行使できなくなる。一方で、少年法の適用は従来通り20歳未満。これも18歳未満とするかどうか議論が続いているが、政府は20年1月、少年法適用年齢引き下げのための少年法改正案の通常国会提出を見送った。

BASIC 基本 14 　選択的夫婦別姓

The Use of Separate Last Name by Husband and Wife

□保守層の反発が根強い
□最高裁大法廷による憲法判断
□新たな憲法違反についての訴え

　結婚によって**姓**を変えるかどうか、本人の意思で選ぶ制度。主に女性の社会進出にともない「結婚で**姓**が変わるのは仕事上不便」「結婚や離婚についてプライバシーを知られてしまう」などの声が出て議論が高まった。1996年に法制審議会が制度導入を認める民法改正案を答申。だが保守層の間で「家族の絆が弱まる」などの反発も起こり、法改正には至らなかった。**夫婦別姓**を認めない民法は憲法違反と、事実婚の夫婦ら5人が提訴。15年12月、最高裁は違憲とまではいえないとの判断を下した。20年2月には同様の裁判の控訴審判決で、東京高裁が現行制度を合憲とした一審を支持している。

15 フェイクニュース
Fake News

- マスコミ報道のように偽装しながら、主にネット経由で流布される**デマ**情報。特定の政治勢力に利するよう大衆を欺く目的で流されるケースが問題視される一方、単なる愉快犯の場合も含まれる。
- 2016年の米大統領選で、ヒラリー・クリントン候補がイスラム過激派に武器を供与したなどの**デマ**が広まった例がある。
- 出所の不確かな情報を鵜呑みにせず、発信源や媒体の素性を見極めて信用に足るかどうか確かめる**情報リテラシー**が求められる。

16 LGBT
Lesbian, Gay, Bisexual, and Transgender

- **Lesbian**＝女性同性愛者、**Gay**＝男性同性愛者、**Bisexual**＝両性愛者、**Transgender**＝身体的性別と性自認が一致しない人を指す。性的少数者の権利を尊重する立場で用いられることが多い。
- 日本でも大手企業や中央省庁などで**LGBT**に対する偏見・差別の解消に努める動きが広まっている。
- 自治体が同性カップルを結婚に相当する関係と認める書類を発行する「同性パートナーシップ制度」の導入が各地に広まっている。

17 NHKネット同時配信

- 2020年4月、NHKは地上放送の総合テレビ及びEテレの番組をインターネットで同時に配信する「**常時同時配信**」を開始。
- 放送から1週間はいつでも番組を視聴できる「見逃し番組配信」からなる新サービス「**NHKプラス**」も同時に始めている。
- 受信契約者は、利用手続きを行うことで追加負担なく利用可能。
- 民放キー局5局も、20年秋以降を目標にテレビとインターネットの同時配信を始める方向で準備を進めている。

> **DATA** 成人年齢の引き下げにともない、女性が結婚できる年齢が従来の**16**歳以上から男性と同じ**18**歳以上に引き上げられる。

18 テレワーク
Telework 最新 NEW

- 「遠い」を意味する接頭辞**tele**と仕事＝**work**を合わせた造語。**ICT（情報通信技術）**を活用した、場所や時間にとらわれない柔軟な働き方。SOHO、ノマド、リモートワークとも意味が重なる。
- インターネットを介した「在宅勤務」、ノートPCなどを使い移動先で働く「**モバイルワーク**」、都市郊外などに用意された職場に通う「**サテライトオフィス勤務**」の3類型が提唱されている。
- 環境負荷軽減、雇用創出、生産性向上などから推奨されている。

19 マイナンバー制度
基本 BASIC

- 税金、医療、社会保障に関する個人情報を一元管理するため、国民1人ごとに固有の番号をつける制度。
- 1つの番号で各種保険などの納付記録・給付実績を把握できる点がメリット。一方で、プライバシーが保護されない、個人情報の漏洩リスク、番号の不正利用などがデメリットとされる。
- 政府は2020年9月から**マイナンバーカード**を活用したポイント付与制度を開始する方針。同年度予算に2478億円を計上した。

20 貧困問題
基本 BASIC

- 収入が国民の中央値の半分＝貧困ラインに満たない状態が**相対的貧困**。2016年調査では122万円未満で人口の**15.6**％。特に子どもと女性の貧困が世界的にも深刻な水準にあり対策が急がれる。
- 子どもの貧困率は7人に1人にあたる**13.9**％（15年）。前回13年調査より2.4ポイント低下し、12年ぶりに改善した。
- 政府は19年11月に子どもの貧困対策大綱を5年ぶりに見直し、閣議決定。貧困状況の改善を検証する指標の追加などが図られた。

BASIC 基本 21 国勢調査
Census

- 総務省統計局が**5**年に1度、10月に行う国の基本的な統計調査。国内の全人口を国籍に関係なく調査する。最新の調査は2015年。
- データは選挙区の**議員定数**の決定などに利用される。
- 16年10月発表の集計結果では、日本の総人口は**1億2709万4745**人。10年調査から0.8%マイナスで96万2607人減った。
- 総人口に占める65歳以上の人口は26.6%にあたる3346万5441人。15歳未満人口は同じく12.6%にあたる1588万6810人。

NEW 最新 22 ダークウェブ
Dark Web

- インターネット上に存在するが、接続にあたって特別なソフトウェアや認証などが必要なネットワーク領域。パスワードなどで保護され検索エンジンに登録されない「**ディープウェブ**」の一領域。
- 暗号化されたデータを複数のユーザの端末をリレー式に中継するなどして送受信するため、発信者情報を特定しづらいことが特徴。
- 独裁国家などで自由な通信を確保するために利用される一方、ドラッグ売買やテロなど幅広い犯罪の温床にもなっている。

BASIC 基本 23 生活保護制度
Livelihood Protection System

- 生存権を定めた憲法25条に基づき、最低限度の生活を保障するとともに自立を促す制度。国が定める最低生活費より収入が少ない場合、差額分を支給。「生活扶助」「**住宅扶助**」「**教育扶助**」など。
- 受給世帯は2019年12月時点で**163万7003**世帯。このうち65歳以上の高齢者世帯が**55.0**%を占める（保護停止中を含めず）。
- 予算削減のため、マイナンバー制度を使って、親族の財産状態を調べて給付するかどうかを判断する政府の将来ビジョンもある。

DATA 会社法違反（特別背任）などに問われた日産自動車前会長の**カルロス・ゴーン**被告が、保釈中だった2019年12月、レバノンに逃亡（不法出国）した。

7 社会・生活 ●社会問題●

TOPICS

医療・高齢化

赤シートで答えを隠してトライ！

□Q1　新型出生前診断
新型出生前診断は、妊婦の血液に含まれる（**DNA**）を解析。従来より早い妊娠10週から検査でき、的中率は99％。

□Q2　高齢者介護を支える制度
介護保険の対象者は（**65**）歳以上の高齢者と、40〜64歳で特定の病気により介護が必要になった人。

□Q3　改正健康増進法が成立
2018年7月の改正健康増進法成立により、（**公共の場**）での屋内禁煙が初めて罰則つきで義務づけられた。

□Q4　オンライン診療
患者が病院に行かず、自宅などにいたまま（**インターネット**）などを通じて診療を受けられるオンライン診療の普及が進んでいる。ただし医師法では、（**初回**）は対面での診療が必要。

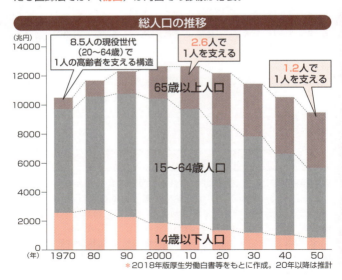

総人口の推移

＊2018年版厚生労働白書等をもとに作成。20年以降は推計

BASIC 基本 24 医師不足

速効 KEY POINT
- □2004年の臨床研修制度以降に問題化
- □産婦人科と小児科に顕著
- □長時間労働の一因

2004年に医師の臨床研修制度が始まって以来、**医師不足**が全国的に問題化している。特に**産婦人科**と**小児科**で、人手不足が慢性化。このため10年には研修期間の短縮や募集定員枠の設定などの改定が行われた。政府は毎年、医学部の総入学定員を増やしており、17年4月には国家戦略特区の枠組みで、国際医療福祉大学に医学部が新設される。また11年に厚生労働省は医師の負担軽減のため、高度な医療行為ができる「**特定看護師**」制度の導入を決定。法改正を経て15年10月から施行された。厚生労働省は19年2月、36年時点でおよそ2万4000人の医師が不足するとの試算を公表している。

7 社会・生活 ●医療・高齢化●

BASIC 基本 25 高齢者医療制度改革

速効 KEY POINT
- □後期高齢者医療制度
- □75歳以上を対象とした医療制度
- □特例措置は5年かけて廃止

2008年4月スタートの**後期高齢者医療制度**は、**75**歳以上の患者負担を除く医療給付費の5割を公費、4割を現役世代の「支援金」、1割を**75**歳以上の保険料で賄うとする。高齢者への差別という政権批判を抑えるため、当時の自公両党は法律で2割と定められた**70~74**歳の病院窓口負担を1割にする特例措置で対処した。年間2000億円を要するこの特例措置は13年度末まで続き、14年4月から5年かけて順次2割へ引き上げられた。一方で、後期高齢者の保険料について低所得層を対象に負担を軽減してきた特例措置を、厚生労働省は20年度から段階的に縮小していく方針。

DATA　75歳以上の後期高齢者が納める医療保険料は一定部分が特例で8.5割軽減されていたが、これを2021年度に本来の**7**割まで段階的に縮小していく。

BASIC 基本 26 新型出生前診断（NIPT）
Non-Invasive Prenatal Genetic Testing

速効 KEY POINT
- □胎児の染色体異常を母親の血液で調べる
- □妊娠10週からの検査が可能
- □一般診療として認められる

　ダウン症など胎児の3つの病気を対象に、妊婦の血液を使い胎児のDNAの異常を検査する診断法。従来の検査には、胎盤の組織を採取する絨毛検査、母体血清マーカー試験、羊水検査などがある。一方、**新型出生前診断（NIPT）**は妊娠10週から可能で、的中率は99％以上（確定には羊水検査が必要）。安易な中絶につながるとの懸念から、日本では臨床研究としてのみ認められてきた。しかし、日本産科婦人科学会は2018年3月、**NIPT**の一般診療としての実施を決定。一方、それまで学会の自主規制に任せてきた厚生労働省は19年6月、**NIPT**のあり方について検討に乗り出した。

NEW 最新 27 合計特殊出生率
Total Fertility Rate : TFR

速効 KEY POINT
- □女性1人が生涯に産む子どもの数の平均値を表す統計
- □人口を維持するためには2.07が必要
- □2005年には過去最低の1.26まで低下

　女性1人が生涯に産む子どもの数の平均値。15～49歳の年齢毎の女性の人口を分母に、その年齢毎の出生数を分子にして計算し、その値を合計したもの。人口維持には**2.07**程度が必要とされるが、日本は1975年に2.00を下回って以来、低下傾向にあり、2005年には過去最低の**1.26**を記録。その後、30代の出産が増えて持ち直し、16年の**合計特殊出生率**は**1.44**までに回復している。しかし出産可能な女性はこれからまた減少するため、出生率の微増も少子化の歯止めには不十分。18年の出生数は前年比約3万人減の91万8397人。**合計特殊出生率**は1.42で3年連続の低下に。

BASIC 基本 28 介護保険
Nursing-Care Insurance

- □2000年に始まった保険制度
- □保険料の納付義務は40歳から
- □15年から所得に応じて負担額が変動

　65歳以上で**要介護認定**を受けた高齢者と、40〜64歳で特定の病気で介護が必要になった人が、訪問介護や日帰り介護などのサービスを受けられる保険制度で2000年に開始。自己負担＋保険料＋税金で賄われる。保険料の納付義務は40歳から。14年6月成立の「**医療介護総合確保推進法**」により、これまでの自己負担1割が所得に応じて変動する。基本的に年金収入の多い人は15年8月から自己負担が2割に。さらに17年6月の改定では、現役世代並みの収入がある人の自己負担を3割まで引き上げた。制度開始初年度に3.6兆円だった総費用は、19年度には**11.7兆**円となっている。

7 社会・生活 ●医療・高齢化●

BASIC 基本 29 認知症
Dementia

- □2025年には65歳以上の5人に1人
- □初の国家戦略「新オレンジプラン」
- □交通事故の増加も問題となる

　65歳以上の**認知症**の人は2012年時点で462万人、厚生労働省の推計では25年には65歳以上の5人に1人、約**700万**人になるという。厚労省は25年までを対象期間に**認知症**患者の支援強化を目指した初の国家戦略「**認知症**施策推進総合戦略（**新オレンジプラン**）」を策定。**認知症**の知識をもち、職場などで支える「**認知症**サポーター」育成などの取り組みが行われている。さらに、65歳未満で発症する若年性**認知症**への対応も進む。また、**認知症**が原因の交通事故の増加も問題となっており、17年3月には運転免許更新時などに認知機能検査や高齢者講習を義務づける改正道路交通法が施行された。

DATA **認知症**施策を充実させる法的根拠となる基本法として、**認知症**基本法案を議員立法で制定しようとする動きが進んでいる。

30 改正健康増進法

- □2018年7月に改正法が成立
- □罰則つきで公共の場での屋内禁煙を義務に
- □飲食店は一定の条件下で喫煙可能

　2018年7月、**改正健康増進法**が成立。公共の場での屋内禁煙が初めて罰則つきで義務づけられた。悪質な喫煙者には最大30万円の過料が科される。加熱式たばこも規制対象。学校・病院・行政機関などは敷地内禁煙、飲食店や職場などは原則屋内禁煙とされ、事業者にも対策の義務が課される。違反時は50万円以下の罰金。なお飲食店の場合、資本金5000万円以下で客席面積100平方メートル以下の小規模既存店は喫煙可能。それ以外の飲食店も、煙が漏れない喫煙専用室での喫煙は可能とする。一方、東京都では同年6月、20年に飲食店が全面禁煙などのより厳しい**受動喫煙防止条例**が成立。

31 オンライン診療
Online Diagnosis

- □インターネットなどを通じて診療を受けられる
- □医師法では初回は対面での診療が必要
- □IT、通信大手の参入も進む

　オンライン診療（オンライン医療相談）は、患者が病院に行かず、自宅などにいたままインターネットなどを通じて診療を受けられるサービス。ITの発達にともない普及が進む。動画通話などを介して医師に症状を伝え、処方された薬が自宅へ届く、という例が代表的。通院の負担がなく、遠隔地でも診療を受けられる。ただし医師法では、初回は対面での診療が必要で、**オンライン診療**は原則として2回目から可能となる。また、新たな薬の処方も対面診療が必要。厚生労働省は2018年3月、安全で適切な**オンライン診療**の普及に向けた指針を策定した。IT、通信大手の参入も進んでいる。

BASIC 基本 32 混合診療
Mixed-treatment

- 保険外診療と保険診療を併用する診療のこと。現在、保険外診療を組み合わせると保険診療の分も全額自己負担になるが、**混合診療**が認められれば、全額負担は保険適用外部分のみになる。
- 現在は高度先進医療など、ごく限られた分野で「**保険外併用療養費制度**」として認められている。この制度のひとつである、患者の申し出を受けて医療機関が国へ診療の実施を申請する「患者申出療養制度」が16年4月に始まり、同年9月に初承認された。

NEW 最新 33 iPS再生医療
iPS Cell Technology

- **iPS細胞**＝人工多能性幹細胞は様々な組織や臓器の細胞に分化する能力をもつ。再生治療をはじめ、病気の原因究明や新薬の開発にも活用が期待される。政府も研究費を支援するため、2022年までの10年間で1100億円の予算を投じることを決めている。
- 19年8月には**iPS細胞**から作った角膜の移植手術に成功、さらに20年1月には、難治性重症心不全の患者にシート状の心臓の筋肉の細胞を移植する手術が行われたと発表された。

BASIC 基本 34 公立病院再編

- 厚生労働省は2019年9月、公立・公的病院のうち全国424病院の名前を公表（後に修正）し、再編・統合の議論が必要だと指摘。
- 重症の人を診て医療費も高くなる**急性期病床**があるのに、手術や救急車受け入れの件数が少ない、などと判断された病院が対象。
- 日本は人口あたりの病床数が多く、不要な**長期入院**を招いて医療費増大の一因になっているとされる。国は団塊の世代の全員が75歳以上となる25年を控え、病床の削減で医療費を抑えたい考え。

DATA 厚生労働省は2020年3月、患者がオンラインを通じて薬剤師から薬の飲み方や注意点などを教わる「**オンライン服薬指導**」を同年9月から認めると決定。

35 出生数、初の90万人割れ 【NEW 最新】

- 厚生労働省は2019年12月、同年の出生数を**86万4000**人とする推計を発表。**90万人割れ**は、1899年の統計開始から初めて。
- 前年の出生数（確定数）は91万8400人、減少幅は5万4000人。
- 死亡数は、前年より1万4000人多い137万6000人で戦後最大。人口の「自然減」も初めて50万人を超え、過去最大の51万2000人。毎年中核市クラスの自治体が1つずつ消えるのに等しい。
- 政府は25年の出生率1.8の目標を掲げるが達成は困難な見通し。

36 5大疾病 【BASIC 基本】

- 厚生労働省は死亡率の高い、がん、脳卒中、急性心筋梗塞、糖尿病を、重点的に対策を実施すべき4大疾病としていた。
- 2011年7月、厚生労働省はこの4大疾病に鬱病や認知症、統合失調症などの**精神疾患**を加え、**5大疾病**とすることを発表。これは**精神疾患**の患者数が4大疾病の患者数を上回っているため。
- これにより、都道府県は5年に1度作成する医療計画に、**精神疾患**への対応策を盛り込むことが義務づけられた。

37 子ども食堂 【NEW 最新】

- 家庭の事情で十分に食事をとれない子どもに、地域が無料ないし廉価で食事を提供する取り組み。2010年代前半から広まる。
- 大阪府堺市などを先駆けとして、自治体が**子ども食堂**を支援する例が増えている。内閣府の調査では、全国の政令市と東京23区計43自治体のうち4割の17で補助金を設けていることが明らかに。
- ファミリーマートは19年3月から店舗周辺の子どもと保護者を対象に「**ファミマこども食堂**」を始めている。

TOPICS

教育

赤シートで答えを隠してトライ！

□Q1　大学入試制度改革

2020年度から現在の「センター試験」が「（**大学入学共通テスト**）」に移行。記述式の問題は導入見送りに。

□Q2　教育委員会制度の改革

改正地方教育行政法が2015年4月から施行された。教育行政への自治体の（**首長**）の関与が拡大され、教育委員会の新「教育長」の任命・罷免、教育方針や重要施策を決定する「総合教育会議」を主宰する役割も担う。

□Q3　小学校の英語教科化

2020年度から小学（**5〜6**）年で英語が正規の教科となり、教科書を使った授業や成績評価が行われる。従来の「外国語活動」は実施する学年を（**3〜4**）年に繰り下げる。

7

社会・生活

●医療・高齢化→教育●

教育委員会制度の改革

改革前

任免

首長

教育委員会＝執行機関

教育長
（委員兼務）

←任命

教育委員長　　教育委員

指揮・監督

事務局

改革後

任免

首長

教育委員会＝執行機関

任命

新「教育長」
（任期3年）

教育委員　（任期4年）

指揮・監督

事務局

招集・参加

↓参加

総合教育会議
教育行政の基本方針を
首長主導で協議

DATA　文部科学省が2018年6月に発表した調査結果によると、都道府県教育委員会の委員のうち女性の占める割合が過去最多の**42.7**%で初の**4**割超えに。

173

NEW 最新 38 幼児教育・保育無償化

- □子ども・子育て支援法改正案
- □3〜5歳児は原則全世帯対象
- □0〜2歳児は低所得者世帯が対象

　政府は2019年2月、**幼児教育・保育無償化**を掲げる「子ども・子育て支援法改正案」を閣議決定。同年10月から制度がスタートした。3〜5歳児は原則全世帯、0〜2歳児は住民税非課税の低所得世帯を対象に、認可保育所・認定こども園・幼稚園を**無償化**。また一部の私立幼稚園・認可外保育施設・ベビーシッターなどは一定の上限の下で利用料を補助する。認可外施設は指導監督基準を満たすことが条件。ただし5年間は基準を満たさない施設も対象とする。また地域事情に応じて、市町村条例による基準の厳格化も認める方針。20年度予算案には費用として8858億円を盛り込んでいる。

BASIC 基本 39 教育再生実行会議

- □安倍首相の私的諮問機関
- □テーマはいじめ・体罰問題など多岐にわたる
- □「いじめ防止対策推進法」などが成立

　安倍晋三首相肝いりの「**教育再生実行会議**」が2013年1月に始動。改革のテーマはいじめ・体罰問題、教育委員会改革、6・3・3・4制の見直し、教科書制度の見直し、英語教育の強化と早期化、大学入試改革など。第2次安倍内閣発足以降に成立している教育関連の法案としては、13年6月成立の「**いじめ防止対策推進法**」、14年6月成立の教育への自治体の首長の関与を強める「**改正地方教育行政法**」、16年12月成立の不登校の子どもを支援する「**教育機会確保法**」、17年5月成立の「専門職大学」や「専門職短大」の創設を盛り込んだ「**改正学校教育法**」などがある。

40 医学部不正入試問題

- □女子受験者の得点を一律減点
- □多浪生にも不利な判定
- □計10校で不正ないしその可能性

2018年8月、私立の**東京医科大学医学部**の一般入試で不正な得点操作などが行われていたことが発覚。**女子受験者**の得点の一律減点、また3浪以上の受験生への減点、卒業生の子に対する優遇などが明らかに。さらに寄付金をめぐる不正の疑いも浮上した。文部科学省はこの問題を受けて全国81大学対象の調査を実施、同年12月に結果を発表。それによると9校で不適切な運用が判明、1校でその可能性が高いとされ、このうち4校が**女子**を一律で不利に扱っていたことがわかった。発端となった**東京医科大**は、特定適格消費者団体が起こした受験料返還などを求める訴訟で20年3月に敗訴。

41 新学習指導要領

- □10年に一度内容を見直し
- □小学5～6年から英語が正式な教科に
- □小学校のプログラミング教育も導入

学習指導要領は、学校教育法施行規則に基づいて告示される学校の教育課程の基準。全国のどの小中高校でも、学年ごとに同じ学習内容が学べるよう定められている。ほぼ10年に一度内容が見直され、**新学習指導要領**は、小学校は2020年度、中学校は21年度、高校は22年度から実施される。小学校では、5～6年から英語が正式な教科となる。また、プログラミング教育の必修化を求めており、パソコン、タブレットなどを授業で使用させるとしている。高校では、主権者教育を行う「**公共**」や、18世紀以降の日本と世界との関わりを学ぶ「**歴史総合**」が必修科目として新設された。

DATA 改正子ども・子育て支援法では、2020年4月から低所得世帯を対象に大学や短大の授業料や入学金を減免。また、**給付型奨学金**制度なども盛り込まれた。

NEW 最新 42 大学入試改革

速効 KEY POINT
- □ 学力の３要素を多面的・総合的に評価
- □ 英語における話すことを含む４技能の重視
- □ 経済・地域格差や採点方法の問題が噴出

　2016年３月、文部科学省の有識者会議「高大接続システム改革会議」が最終報告を公表。学力の３要素（知識・技能、思考力・判断力・表現力、主体的に学習に取り組む態度）を多面的・総合的に評価する目的で、現在の「センター試験」を、20年度に「**大学入学共通テスト**」に移行する。だが、その柱とされた英語の「４技能＝読む・聞く・書く・話す」を試すための**民間試験**活用は受験負担の経済格差、地域格差が世論の非難を浴び、試験実施を１年２カ月後に控えた19年11月に延期が発表。同じく**記述式問題**も採点のミスやブレなどが問題視され、同年12月に突然見送りが発表された。

BASIC 基本 43 教育委員会
Board of Education

速効 KEY POINT
- □ 教育を担当する行政機関
- □ 首長の権限の強化
- □ 新「教育長」の創設や「総合教育会議」の設置

　教育行政を担当し、教育の安定と継続を目指す行政機関。都道府県と市町村に**教育委員会（教委）**が存在する。**教委**は、政治的な中立を保つため、首長などからは一定の距離を置いてきたが、安倍首相と自民党は首長の権限強化を目指した**教委**制度の改革を主張、2014年６月に「**改正地方教育行政法**」を成立させた（15年度より施行）。教科書採択や教職員人事などの執行権は**教委**に残るが、首長の権限は、新設の「総合教育会議」を主宰し、**教委**とともに教育方針や重要施策を作成したり、**教委**の一員であった旧来の教育長と教育委員長を統合した新「教育長」の任免権をもつことで強まった。

44 小学校の英語教科化

- □ 5〜6年で英語が新しい教科に格上げ
- □ 4年間で600〜700語程度の単語を指導
- □ 専任教師も増やされる

　文部科学省は2017年3月に**新学習指導要領**を公示し、小学校の**英語**教科化の具体的内容を示した。現在5〜6年で行っている「**英語に親しむ**」ことを目的とした「外国語活動」を、20年度からは3〜4年に繰り下げる。同時に5〜6年で**英語**が新しい教科に格上げされ、教科書を用いた授業と採点が行われる。また、現在の週1コマから2コマに授業時間を増やし、4年間で600〜700語程度の単語を指導する方針。18年度からの先行実施期間を前に、政府は17年12月に教員の負担増を考慮し、**英語**を専門的に教える教員を1000人増加させることも決定した。

45 ブラック部活

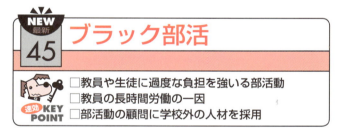

- □ 教員や生徒に過度な負担を強いる部活動
- □ 教員の長時間労働の一因
- □ 部活動の顧問に学校外の人材を採用

　教員や生徒に過度な負担を強いる「**ブラック部活**」が問題視されている。部活動は教育課程に含まれず、「生徒の自主的、自発的な参加により行われる」と**学習指導要領**に定められている。しかし実際には、教員や生徒全員が部活動に関わることを強いる学校も多く、教員の長時間労働の一因とされている。スポーツ庁は2018年3月に、運動部活動の休養日を週**2**日以上、活動時間を平日**2**時間、休日**3**時間程度までとするガイドラインを発表したが、実効性は不明。一方、学校外の人材が部活動の顧問などを行う**部活動指導員**制度が17年に新設。19年度からその費用補助事業が2倍に拡大された。

DATA **大学入学共通テスト**で英語の**民間試験**が延期された結果、2021年は従来通りマークシート式の共通テストで「読む・聞く」の2技能のみを試験することに。

小学校の教科担任制

- **教科担任制**は、1人の教員が特定科目を担当し複数のクラスを教える仕組み。文部科学省は小学校高学年での導入を推進している。
- 英語の正式教科化、プログラミング必修化などが導入され、専門性の高い教員への需要が高まっていることが背景にある。
- 文部科学相から諮問を受けた**中央教育審議会（中教審）**は2019年12月の取りまとめで、**教科担任制**の導入で教材研究が充実し、授業の準備も効率的になると指摘した。

プログラミング教育必修化

- 文部科学省は2017年の学習指導要領改定で、20年度からの小学校での**プログラミング教育必修化**を決定した。
- コンピュータないし電子機器を動かす体験などを通して、プログラムの基礎的理解を深めることを目指す。
- **プログラミング**という教科が新設されるわけでなく、総合的な学習の時間、理科、算数など既存の教科に導入される。
- 論理的な思考能力やITに強い人材の育成を狙いとしている。

ABC予想
abc conjecture

- 1985年にヨーロッパの数学者らが提示した整数論の命題。素因数分解と足し算・かけ算との関係性を示す。
- 「フェルマーの最終定理」（1995年解決）などに匹敵する難問とされ、証明されれば今世紀最大級の成果になるともいわれる。
- 京都大学は2020年4月、同大数理解析研究所の**望月新一**教授が**ABC予想**を証明したと発表。論文の査読に7年半を要した**望月**教授の理論は、世界の数学者によって検証が行われている。

8

文化・スポーツ

■勉強のポイント
①アカデミー賞や国際映画祭の動向を知る
②文学賞受賞作品や話題の文芸作品などを覚える
③大規模なイベントや新しい文化の波を把握する
④サッカーや野球など人気のスポーツ情報をおさえる

重 要 項 目

Check1
基本
世界三大国際映画祭は、それぞれどこで開催される？（→P182の2）

Check2
基本
書店員によって選ばれる文学賞は何？
（→P184の6）

Check3
基本
2019年に新しく日本の世界遺産となったのは何？（→P184の7）

Check4
最新
サッカーW杯は2026年の大会からどう変わる？
（→P189の15）

Check5
最新
世界的な大会もあり、年収1億円を超えるプロプレイヤーもいるコンピュータゲーム競技とは？
（→P190の18）

TOPICS

文化・芸能

赤シートで答えを隠してトライ！

☐Q1　第92回アカデミー賞作品
2020年2月発表の第92回アカデミー賞は、ポン・ジュノ監督の韓国映画『(パラサイト 半地下の家族)』が作品賞をはじめ4部門で受賞した。英語以外の映画の作品賞は初めて。

☐Q2　日本の世界遺産
2019年7月、大阪府の「百舌鳥・古市古墳群」が国連教育科学文化機関（ユネスコ）の世界（文化）遺産に登録。日本の（23）番目の世界遺産となった。

☐Q3　著作権保護期間が延長
2018年12月に著作権法が改正され、著作権の保護期間が作者の死後50年から（70）年に延長。小説や論文、絵画、音楽、映画、写真といった著作物は遺族など著作権者の許可なしに使用できない。

近年の芥川賞・直木賞受賞作品

		芥川賞	直木賞
2013年	第149回	藤野可織『爪と目』	桜木紫乃『ホテルローヤル』
	第150回	小山田浩子『穴』	朝井まかて『恋歌（れんか）』 姫野カオルコ『昭和の犬』
2014年	第151回	柴崎友香『春の庭』	黒川博行『破門』
	第152回	小野正嗣『九年前の祈り』	西加奈子『サラバ！』
2015年	第153回	又吉直樹『火花』 羽田圭介『スクラップ・アンド・ビルド』	東山彰良『流』
	第154回	滝口悠生『死んでいない者』 本谷有希子『異類婚姻譚』	青山文平『つまをめとらば』
2016年	第155回	村田沙耶香『コンビニ人間』	荻原浩『海の見える理髪店』
	第156回	山下澄人『しんせかい』	恩田陸『蜜蜂と遠雷』
2017年	第157回	沼田真佑『影裏』	佐藤正午『月の満ち欠け』
	第158回	石井遊佳『百年泥』 若竹千佐子『おらおらでひとりいぐも』	門井慶喜『銀河鉄道の父』
2018年	第159回	高橋弘希『送り火』	島本理生『ファーストラヴ』
	第160回	上田岳弘『ニムロッド』 町屋良平『1R(いちらうんど)1分34秒』	真藤順丈『宝島』
2019年	第161回	今村夏子『むらさきのスカートの女』	大島真寿美『渦 妹背山婦女庭訓 魂結び』
	第162回	古川真人『背高泡立草』	川越宗一『熱源』

近年のアカデミー賞・作品賞の受賞作品

	作品名	監督
第78回（2005年）	クラッシュ	ポール・ハギス
第79回（2006年）	ディパーテッド	マーティン・スコセッシ
第80回（2007年）	ノーカントリー	ジョエル&イーサン・コーエン
第81回（2008年）	スラムドッグ$ミリオネア	ダニー・ボイル
第82回（2009年）	ハート・ロッカー	キャスリン・ビグロー
第83回（2010年）	英国王のスピーチ	トム・フーパー
第84回（2011年）	アーティスト	ミシェル・アザナビシウス
第85回（2012年）	アルゴ	ベン・アフレック
第86回（2013年）	それでも夜は明ける	スティーブ・マックィーン
第87回（2014年）	バードマン あるいは(無知がもたらす予期せぬ奇跡)	アレハンドロ・ゴンサレス・イニャリトゥ
第88回（2015年）	スポットライト 世紀のスクープ	トム・マッカーシー
第89回（2016年）	ムーンライト	バリー・ジェンキンス
第90回（2017年）	シェイプ・オブ・ウォーター	ギレルモ・デル・トロ
第91回（2018年）	グリーンブック	ピーター・ファレリー
第92回（2019年）	パラサイト 半地下の家族	ポン・ジュノ

近年のカンヌ国際映画祭の受賞作品（長編部門）

	パルム・ドール	グランプリ
第65回（2012年）	愛、アムール 監督：ミヒャエル・ハネケ (仏／独／オーストリア)	リアリティー 監督：マッテオ・ガローネ (伊／仏)
第66回（2013年）	アデル、ブルーは熱い色 監督：アブデラティフ・ケシシュ (フランス)	インサイド・ルーウィン・デイヴィス 名もなき男の歌 監督：ジョエル&イーサン・コーエン (アメリカ)
第67回（2014年）	雪の轍 監督：ヌリ・ビルゲ・ジェイラン (トルコ／仏／独)	夏をゆく人々 監督：アリーチェ・ロルヴァケル (イタリア)
第68回（2015年）	ディーパンの闘い 監督：ジャック・オーディアール (フランス)	サウルの息子 監督：ネメシュ・ラースロー (ハンガリー)
第69回（2016年）	わたしは、ダニエル・ブレイク 監督：ケン・ローチ (英／仏／ベルギー)	たかが世界の終わり 監督：グザヴィエ・ドラン (カナダ／仏)
第70回（2017年）	ザ・スクエア 思いやりの聖域 監督：リューベン・オストルンド (スウェーデン、デンマーク、米、仏)	BPM ビート・パー・ミニット 監督：ロバン・カンピヨ (フランス)
第71回（2018年）	万引き家族 監督：是枝裕和 (日本)	ブラック・クランズマン 監督：スパイク・リー (アメリカ)
第72回（2019年）	パラサイト 半地下の家族 監督：ポン・ジュノ (韓国)	アトランティックス 監督：マティ・ディオプ (セネガル／フランス／ベルギー)

＊（ ）内の国名は製作国

DATA カンヌ、ベネチア、ベルリンの三大映画祭のほかに、ロカルノ、ロッテルダム、モスクワなどが国際映画祭として知られている。

BASIC 1 アカデミー賞
Academy Awards

速効KEY POINT
- □1927年発足のアメリカの映画賞
- □受賞部門数は名誉賞を除き24
- □6000人以上の会員投票で選ばれる

　アメリカで最も権威があるとされる映画賞（1927年発足）。**映画芸術科学アカデミー**に所属する6000人以上の会員による投票で毎年選ばれる。受賞者にはオスカー像が授与されるが賞金はない。受賞部門数は名誉賞を除き24で、作品賞、監督賞、主演男優賞、主演女優賞のほか、美術賞、作曲賞、長編アニメ賞などがある。2020年2月発表の第92回アカデミー賞はポン・ジュノ監督の『**パラサイト 半地下の家族**』が作品賞、監督賞など4部門を受賞。主演男優賞は『ジョーカー』のホアキン・フェニックス、主演女優賞は『ジュディ 虹の彼方に』のレニー・ゼルウィガーが獲得した。

BASIC 2 世界三大映画祭

速効KEY POINT
- □カンヌ、ベネチア、ベルリンで開催される映画祭
- □カンヌはパルム・ドールが最高賞
- □ベルリンは金熊賞、ベネチアは金獅子賞が最高賞

　カンヌ、**ベネチア**、**ベルリン**で毎年開催される国際映画祭の総称。いずれも作品の芸術性を評価する傾向がある。2019年5月開催の第72回カンヌ国際映画祭では、ポン・ジュノ監督の『**パラサイト 半地下の家族**』が最高賞・パルム・ドールを獲得。グランプリはマティ・ディオプ監督の『アトランティックス』が受賞した。同年8〜9月開催の第76回ベネチア国際映画祭では、トッド・フィリップス監督の『**ジョーカー**』が金獅子賞を獲得。20年2月の第70回ベルリン国際映画祭ではイラン人モハマド・ラスロフ監督の『ゼア・イズ・ノー・イーヴル』が金熊賞を獲得した。

3 『パラサイト 半地下の家族』
Parasite

- 韓国映画『パラサイト 半地下の家族』が、第92回アカデミー賞の4部門で受賞。作品賞と国際長編映画賞のダブル受賞は、アカデミー賞の歴史で初めて。さらに第72回カンヌ映画祭パルム・ドールも受賞したが、これも史上2回目の快挙だった。
- 韓国では入場者数が1000万人を超える大ヒットに。
- 半地下で暮らす家族と高台の豪邸に住む家族の関わりから、貧富の格差が生む現実を描いた。

4 グラミー賞
Grammy Awards

- 全米レコード芸術科学アカデミー主催の音楽賞。1958年に創設された。100を超える賞があり、最優秀レコード賞、最優秀楽曲賞、最優秀アルバム賞、最優秀新人賞が主要4部門とされる。
- 授賞式は毎年2月上旬頃に開催。
- 2020年の第62回グラミー賞は、18歳の女性シンガー・ソングライターで『バッド・ガイ』を大ヒットさせたビリー・アイリッシュが主要4部門受賞を独占した。

5 芥川賞・直木賞

- 1935年に文藝春秋社が創設した文学賞。芥川賞は純文学を対象に新人作家を発掘、直木賞は大衆文芸の新進・中堅作家から選出。
- どちらも新聞や雑誌などに発表された小説・戯曲が選考対象。
- 2019年7月発表の第161回芥川賞は今村夏子『むらさきのスカートの女』、直木賞は大島真寿美『渦 妹背山婦女庭訓 魂結び』が受賞。2020年1月発表の第161回芥川賞は古川真人『背高泡立草』。直木賞は川越宗一『熱源』が受賞した。

DATA 2019年7月、アカデミー賞選考委員となる米国映画芸術科学アカデミーの会員に押井守監督、大友克洋監督が選ばれた。女性歌手のレディ・ガガも会員に招待。

BASIC 6 本屋大賞

- **本屋大賞**実行委員会が運営する、直近1年間に刊行された日本の小説本を対象とした文学賞。「全国の書店員が選んだいちばん！売りたい本」を掲げ、2004年に始まった。
- 作品のノミネートや選考が全国の書店員の投票によって行われることが特徴。受賞作はいずれもベストセラーになっている。
- 20年（第17回）の**本屋大賞**は凪良ゆうの長編小説『**流浪の月**』が受賞した。

BASIC 7 世界遺産
World Heritage Site

- 普遍的に価値が高い文化・自然遺産を国際的に保護する制度。**国連教育科学文化機関（ユネスコ）**の**世界遺産条約**に基づき登録される。暫定リストへの掲載、世界遺産委員会への推薦、審査を経て決定される。例として、ピラミッド、万里の長城など。
- 2019年7月、大阪府の「**百舌鳥・古市古墳群**」が世界文化遺産に登録された。日本の世界遺産は**23**件（文化遺産**19**、自然遺産**4**）となった。

NEW 8 JASRAC
Japanese Society for Rights of Authors, Composers and Publishers

- **日本音楽著作権協会（JASRAC）**が2017年2月、音楽教室に対し著作権料（年間受講料の2.5％）を徴収する方針を決定。
- これに対し250の教室事業者が反発。東京地裁に集団提訴した。
- ヤマハ音楽振興会などでつくる「音楽教育を守る会」は司法判断が出るまでの徴収保留を求めて、文化庁に裁定を申請。18年3月、文化庁長官は保留を行わないとし、同年4月1日分から徴収は開始された。20年2月には東京地裁が徴収を認める判決を下した。

著作権保護期間が延長

- 2018年12月、**著作権法**の改正により**著作権**による保護期間が従来の死後50年間から**70**年間に延長された。
- 保護される**著作物**は小説や詩などの文学作品から論文、絵画や音楽、映画などの芸術作品、建築、コンピュータプログラムなど幅広い。一般人の作品も**著作物**となる。
- 他人の**著作物**を利用する場合は、著者やその遺族などの権利者に了解を得なければならない。

改正文化財保護法

- 2018年6月、**改正文化財保護法**が成立、19年4月に施行された。
- 地域における文化財の**計画的な保存・活用**の促進、地方文化財保護行政の強化が狙い。
- 具体的な方策は、都道府県による総合的な施策の「大綱」、市町村による「地域計画」の策定、市町村による民間支援団体等の指定、文化財の所有者・管理者による「保存活用計画」の策定、文化財保護の事務の首長部局への移管など。

十三代目市川團十郎襲名

- 2019年1月、十一代目市川海老蔵が十三代目**市川團十郎**(だんじゅうろう)を襲名することが発表された。**團十郎**は歌舞伎界でも格の高い名跡。海老蔵の父親が十二代目**團十郎**を襲名したのは1985年だった。
- 20年5月から7月まで東京の歌舞伎座で「十三代目**市川團十郎**白(はく)猿(えん)」襲名披露が行われる予定だったが、新型コロナウイルスの影響で延期となった。「白猿」は七代目などが使った俳名で、「先人には及ばない」という謙虚さを表す。

DATA 映画やドラマなどが見られる動画配信サービスが多くの会員を獲得。月単位の定額料金が基本で、**アマゾンプライム・ビデオ**、ネットフリックスなどが大手。

TOPICS

スポーツ

赤シートで答えを隠してトライ！

□Q1 東京オリンピックの追加

野球・ソフトボール、スケートボード、サーフィン、スポーツクライミング、（**空手**）の5競技が追加種目として採択された。

□Q2 ロシアのドーピング問題

2016年のリオ五輪前にドーピング隠しが発覚し、2018年の平昌冬季五輪では（**個人資格**）の「ロシアからの五輪選手（OAR）」として参加。東京五輪からロシアが除外される可能性もある。

□Q3 渋野日向子、全英女子ゴルフ優勝

2019年8月に開かれた全英女子オープンゴルフで20歳の渋野日向子が優勝。海外メジャー大会での日本人の優勝は（**42**）年ぶり。

戦後のオリンピック開催地					
夏季大会			冬季大会		
回	開催年	開催地（国）	回	開催年	開催地（国）
14	1948	ロンドン（イギリス）	5	1948	サン・モリッツ（スイス）
15	1952	ヘルシンキ（フィンランド）	6	1952	オスロ（ノルウェー）
16	1956	メルボルン（オーストラリア）	7	1956	コルチナ・ダンペッツォ（イタリア）
		ストックホルム（スウェーデン）	8	1960	スコーバレー（アメリカ）
17	1960	ローマ（イタリア）	9	1964	インスブルック（オーストリア）
18	1964	東京（日本）	10	1968	グルノーブル（フランス）
19	1968	メキシコシティー（メキシコ）	11	1972	札幌（日本）
20	1972	ミュンヘン（西ドイツ）	12	1976	インスブルック（オーストリア）
21	1976	モントリオール（カナダ）	13	1980	レークプラシッド（アメリカ）
22	1980	モスクワ（ソ連[現ロシア]）	14	1984	サラエボ（ユーゴスラビア）
23	1984	ロサンゼルス（アメリカ）	15	1988	カルガリー（カナダ）
24	1988	ソウル（韓国）	16	1992	アルベールビル（フランス）
25	1992	バルセロナ（スペイン）	17	1994	リレハンメル（ノルウェー）
26	1996	アトランタ（アメリカ）	18	1998	長野（日本）
27	2000	シドニー（オーストラリア）	19	2002	ソルトレークシティー（アメリカ）
28	2004	アテネ（ギリシャ）	20	2006	トリノ（イタリア）
29	2008	北京（中国）	21	2010	バンクーバー（カナダ）
30	2012	ロンドン（イギリス）	22	2014	ソチ（ロシア）
31	2016	リオデジャネイロ（ブラジル）	23	2018	平昌（韓国）
32	2021	東京（日本）	24	2022	北京（中国）
33	2024	パリ（フランス）	25	2026	ミラノ／コルチナ・ダンペッツォ（イタリア）
34	2028	ロサンゼルス（アメリカ）			

最近注目された日本人スポーツ選手

選手名	競技	経歴
紀平梨花（きひら りか）	女子フィギュアスケート	2002年生まれ。18年12月のグランプリファイナル（バンクーバー）で自己ベストの233.12点をマーク、平昌冬季五輪女王のアリーナ・ザギトワを破り初出場で優勝。19年12月の同大会は4位だった。
サニブラウン・ハキーム	男子陸上	1999年生まれ。2019年の全米大学選手権では100m競走で決勝に進み9秒97で3位に。桐生祥秀が17年に出した9秒98を上回り日本記録を塗り替えた。同年11月にはプロ転向を表明。21年の東京五輪ではメダル獲得が期待されている。
大迫傑（おおさこ すぐる）	男子陸上	1991年生まれ。2018年10月のシカゴマラソンで2時間5分50秒の日本記録を樹立。20年3月の東京マラソンでは2時間5分29秒で自己の日本記録を更新。日本選手トップの4位だった。
張本智和	男子卓球	2003年生まれ。両親は中国の元卓球選手。17年8月の国際卓球連盟（ITTF）ワールドツアー男子シングルスで最年少の14歳61日で優勝。18年12月にはITTFワールドツアーグランドファイナル男子シングルスで最年少の15歳172日で優勝した。
大谷翔平	プロ野球	1994年生まれ。右投げ左打ちの二刀流（投手と打者の両方でプレーすること）。2013年、北海道日本ハムファイターズに入団。15年に最優秀防御率、最多勝利、最高勝率の投手三冠を獲得。17年12月、米大リーグのロサンゼルス・エンゼルスに入団。18年11月、アメリカン・リーグ最優秀新人賞を受賞。右ひじを手術した後の大リーグ2年目は打者に専念した。
佐々木朗希（ささき ろうき）	プロ野球	2001年生まれ。投手として19年に千葉ロッテマリーンズに入団。速球が大きな武器で、19年4月には高校生の日本歴代最速となる時速163kmを記録。同年7月、全国高校野球選手権岩手大会決勝を故障予防のために欠場、チームは敗れた。この登板回避に、現役プロ野球選手や評論家から賛否両論が巻き起こった。
久保建英（くぼ たけふさ）	男子サッカー	2001年生まれ。ポジションは攻撃的ミッドフィールダー。19年6月にスペインサッカー1部リーグの名門レアル・マドリードに入団が決まり話題に。小学生のときからスペインでサッカーを学び、その後、FC東京などで活躍。レアル入団後は期限付き移籍でRCDマヨルカに移り、19年11月に初ゴールを記録。
井上尚弥（いのうえ なおや）	プロボクシング	1993年生まれ。WBAスーパー・IBF世界バンタム級チャンピオン。2020年3月現在、19戦19勝16KO。19年11月のワールド・ボクシング・スーパー・シリーズ（WBSS）決勝戦ではノニト・ドネアに判定で勝ち、WBSSバンタム級初代王者となった。

＊その他、渋野日向子、八村塁についてはP191を参照

DATA 2020年2月、車いすテニスの国枝慎吾選手が全豪オープンシングルスで10回目の優勝。国枝選手はこれまで年間グランドスラムを5回達成している。

東京オリンピックの延期
Tokyo 2020 Summer Olympics

KEY POINT
- □開催経費の大幅増加
- □追加種目は野球・ソフトボールなど
- □新型コロナウイルスの影響で延期が決定

2013年9月、20年夏季五輪の開催地が東京に決定。その後、費用の増大などが問題化。当初予算の約7000億円から、19年12月には関連経費も含め **3兆** 円超に膨らんでいる。東京大会では開催国の提案枠として、野球・ソフトボール、空手、スケートボード、サーフィン、スポーツクライミングの5競技18種目が追加された。ところが20年3月、**国際オリンピック委員会（IOC）** は、新型コロナウイルスの感染拡大を受けて、延期を決定。「2020」を付した大会の名称を維持したまま、21年7月23日（パラリンピックは8月24日）に開幕することに。マラソン・競歩は **札幌** で開催される。

ロシアのドーピング問題

KEY POINT
- □2016年のリオ五輪前に発覚
- □18年平昌冬季五輪には個人資格で参加
- □東京五輪からも除外される可能性

ロシアが国家ぐるみで **ドーピング** を隠していたことが2016年リオ五輪・パラリンピック前に発覚。**世界反ドーピング機関（WADA）** がロシア選手団の出場停止を求めたが、国際オリンピック委員会（IOC）は条件付きで参加を認めた。18年平昌(ピョンチャン)冬季五輪では「ロシアからの五輪選手（OAR）」として参加。メダル数は前回のソチ五輪から半減した。ロシアが疑惑を否定し続けたことから、世界陸連が東京五輪・パラリンピックからの除外や除名処分の可能性を通告。20年2月にロシア陸連のユルチェンコ新会長が事実を認め謝罪したことから、処分の再検討が行われる。

ラグビーワールドカップ2019
Rugby World Cup 2019

速効 KEY POINT
- □1987年から4年に1度開催
- □第9回大会が日本で開催
- □優勝は南アフリカ共和国

　2019年9～11月、第9回**ラグビーW杯**が日本で開催され、北は北海道、南は熊本まで全国12会場で48試合が行われた。第1回は1987年にオーストラリアとニュージーランドで行われ、以後4年に1度開催されている。参加した20カ国（地域）の代表チームが4組に分かれて予選プールで競い、上位2チームが決勝トーナメントに進んだ。日本は優勝候補の一角だったアイルランドに逆転勝利するなど負けなしで予選プールを勝ち抜き決勝トーナメントへ。**準々決勝**で南アフリカ共和国に敗れた。南アフリカ共和国は勝ち進み、3度目の優勝を飾った。次回は23年のフランス大会。

FIFAワールドカップ
FIFA World Cup

速効 KEY POINT
- □FIFAが主催する世界選手権大会
- □日本は6大会連続出場
- □次回の2022年大会はカタールで開催

　国際サッカー連盟（FIFA）が主催するサッカーの世界選手権大会。4年に1度、夏季オリンピックの中間年に開催される。第1回大会は1930年にウルグアイで開催された。最多優勝は**ブラジル**の5回。日本は98年のフランス大会から6大会連続で出場し、最高成績はベスト16。2018年のロシア大会はフランスが優勝。日本はベスト16敗退。同大会からビデオ判定（**VAR**）が導入された。22年はカタールで開催される。17年1月には出場国を現在の32カ国から**48**カ国に拡大することが決まり、26年大会から実施予定。日本代表監督は18年7月から**森保一**が務めている。

DATA 2020年3月の大相撲春場所（大阪）が、新型コロナウイルスの感染拡大の影響で**無観客**で開催された。**観客**がいない本場所は太平洋戦争下の1945年以来。

16 Bリーグ
Japan Professional Basketball League

- 日本の男子プロバスケットボールリーグ。従来の男子プロバスケットボールリーグ＝bjリーグと実業団中心のナショナルバスケットボールリーグが統合するかたちで、2016年から開幕。
- B1、B2、B3の3部制を導入、全45チームが所属している。
- バスケットボール男子日本代表が「**FIBAバスケットボールワールドカップ2019**」（8～9月、中国で開催）に出場、東京五輪への出場も決めたことから、バスケットボールが注目されている。

17 アーバンスポーツ
Urban Sports

- 国際オリンピック委員会（IOC）は2017年6月、自転車のBMXフリースタイルを新種目に追加。BMXは「強烈な」などの意味があるエクストリームスポーツ、通称「**Xスポーツ**」に分類される。
- IOCは若者の五輪離れへの危機感から、新種目に積極的。五輪の未来像を若者を意識した**アーバン（都市型）スポーツ**とする。
- モデルとなるのはBMX、スケートボードなど25種目を超える国際大会の「**FISE**（フィセ）」。

18 eSports（eスポーツ）
electronic Sports

- 複数のプレイヤーで対戦されるコンピュータゲーム競技。20億円以上の賞金がかけられる世界的規模の大会もある。年収1億円を超えるプロも存在し、世界の競技人口は1億人以上とされる。
- 2018年2月、**日本eスポーツ連合（JeSU）**が発足し、同月幕張メッセで日本初の大会も開催。**eスポーツ**専門コースがある専門学校も登場し、アスリート同様のトレーニングをするという。
- 24年に開催予定のパリ五輪での正式種目化も検討されている。

19 VAR(ビデオ・アシスタント・レフェリー)
Video Assistant Referee

- サッカーの試合で正確な判定を支援するしくみ。複数のカメラで試合を追い、必要な場面では試合を止めて主審が映像を確認する。
- ヨーロッパの主要リーグやワールドカップではすでに採用され、Jリーグ１部でも2020年シーズンから導入された。
- **VAR**の対象となるのは、①得点、②**ペナルティキック**、③**一発退場**、④警告退場の人違いについて確認する場合。それ以外の判定は審判の判断で試合が続けられる。

20 渋野日向子
Hinako Sibuno

- 2019年８月に開かれたAIG全英女子オープンゴルフで優勝。20歳でプロ１年目、しかも初の海外大会だった。思い切りのよいプレーと明るい笑顔でたちまち人気者に。
- 日本人が女子ゴルフ海外メジャー大会で優勝するのは、全米女子プロ選手権の**樋口久子**選手以来42年ぶりのこと。
- 19年の日本女子プロゴルフ選手の賞金女王は**鈴木愛**選手で、**渋野日向子**選手は２位だった。

21 八村塁
Rui Hachimura

- プロバスケットボール選手。父親は西アフリカのベナン人で母親が日本人。大学時代は全米大学体育協会（NCAA）１部で活躍。
- 2019年６月の米国プロバスケットボール（NBA）ドラフトで、**ワシントン・ウィザーズ**に１巡目で指名された。日本人がNBAの１巡目指名を受けたのは初めて。
- 同年10月のNBA開幕戦でデビューした。12月に負傷したが20年２月に復帰した。

DATA 2018年10月、日本の卓球リーグである**Tリーグ**が開幕。男女ともに４チームが参加。世界トップクラスの選手が１チームに最低１人所属するルールがある。

本文デザイン・図版作成／為田洵

執筆協力／亀山龍馬・高月靖・中村道明・福永一彦

編集協力／球形工房

本書に関する正誤等の最新情報は、下記のURLをご覧ください。

http://www.seibidoshuppan.co.jp/support/

上記アドレスに掲載されていない箇所で、正誤についてお気づきの場合は、書名・発行日・質問事項・氏名・住所・FAX番号を明記の上、**成美堂出版**まで**郵送**または**FAX**でお問い合わせください。

※**電話でのお問い合わせはお受けできません。**

※本書の正誤に関するご質問以外にはお答えできません。また、受験指導等は行っておりません。

※内容によってはご質問をいただいてから回答をさし上げるまでにお時間をいただくこともございます。

※ご質問の受付期間は2021年5月末までとさせていただきます。ご了承ください。

就職試験 これだけ覚える時事用語 '22年版

2020年6月10日発行

編　著	成美堂出版編集部
発行者	深見公子
発行所	成美堂出版
	〒162-8445　東京都新宿区新小川町1-7
	電話(03)5206-8151　FAX(03)5206-8159
印　刷	大盛印刷株式会社

©SEIBIDO SHUPPAN 2020 PRINTED IN JAPAN

ISBN978-4-415-23098-6

落丁・乱丁などの不良本はお取り替えします

定価はカバーに表示してあります

- 本書および本書の付属物を無断で複写、複製(コピー)、引用することは著作権法上での例外を除き禁じられています。また代行業者等の第三者に依頼してスキャンやデジタル化することは、たとえ個人や家庭内の利用であっても一切認められておりません。